"相談学生"に学ぶ
学生相談

鶴田一郎

大学教育出版

まえがき

　カウンセリングの仕事に入って10年目には「もう一人前」、20年目には「もう中堅」、30年目には「もうベテラン」と思っておりました。しかし、現在「いまだ素人」だと実感しております。

　これは謙遜して言っているわけでもなく、ベテランの余裕から発している言葉でもありません。そもそもカウンセラーは「玄人」になってはいけないと思うからです。業界の皆様には「自我肥大」＝「幼児的万能感」という言葉で説明できるかと思います。

　2011年3月11日、東日本大震災が発生しました。被災地にボランティアに訪れました。被災者の皆様は等しく感謝してくださいました。しかし、2018年7月に自身が西日本豪雨で被災した折、被災者の立場から何らかの活動をしようとしても体が動かない自分がおりました。人のことならあれほど動けたのに自身のことでは動けない。

　つまり3.11のボランティアで動けたのはボランティアを受け入れてくださる被災者の皆様の力があったからなのでした。そこで自分の普段の仕事を振り返った時、自分のカウンセリングが成立しているのは「クライエントの人たちの力」なのだと実感しました。

　それまでも言葉では「クライエントから学ぶ」と言っておりましたが、本当の意味は分かっておりませんでした。「クライエントから学ぶ」とはクライエントの視点まで下がり、クライエントの力を借りながら、自分には何ができて何ができないかをクライエントに教えてもらうことだと気づきました。

　60歳近くになって初めて分かったなどと言うと、嘘だと思うかもしれません。しかし、40年近くにわたって毎日「先生」「先生」と呼ばれておりますと、自我が弱い筆者は、いつしか自我肥大に陥り、幼児的万能感におかされ

るのでした。幼児的万能感とは「僕は空が飛べる」と思いこむことなどを想像されるかもしれませんが、幼児は一般に現実とファンタジーの世界をきちんと区別しているものです。

　その区別ができないのは実は「大人」なのです。筆者の場合で言えば「自分は達人カウンセラーだ。自分の所に来れば、たちどころにクライエントは良くなる」と、口には出さないまでも心のどこかで思ってしまうことです。これはファンタジーと現実の混同以外の何ものでもありません。

　そこで反省の意味もあり、恩師・伊藤 隆 二先生（横浜市立大学名誉教授）のおすすめもあり、本書を上梓する次第となったわけです。本書をお読みになって「カウンセリングって、こんなに効果があるものなんだ」と感じてくださる方がいらっしゃいましたら、それは「すべてクライエントである（元）相談学生の本来の生きる力が発動したからで、決して鶴田が達人カウンセラーだからではない」とお見知りおきください。

　また本書は、学生相談分野で筆者が最もお世話になった岩村 聡 先生へのオマージュでもあります。岩村先生は、広島大学 総合科学部 学生相談室を30年余りにわたって実質上運営され、2018年にお亡くなりになりました。筆者が窮地に陥った時、いつも助けていただきました。岩村聡先生こそまさに「清らかな愚直」を貫いた学生相談界の「聖なる愚者」（a holy fool）でありました。先生のご冥福を心よりお祈りいたします。

2021年7月23日 東京2020オリンピック開会式の日に

　　　　　　　　　　　　　　　　　　　　　　　　　鶴田　一郎

"相談学生"に学ぶ学生相談

目　次

"相談学生"に学ぶ学生相談

統合失調症寛解期にある男子学生との
6年間のかかわり
―「同行」と「生きがい」について―

1．はじめに ―問題の所在―

　カウンセラーがクライエントと出会い、そこに深い相互了解、相互信頼という関係を築く時、その体験のプロセスは「間主観経験」（intersubjective experience）と呼ばれる。提唱者の伊藤（1997, p.146）によれば「間主観経験」とは「何かの縁で出会うことになったクライエントと共に、今ここで経験しつつある『主観の世界』を共有し、shareし合い、共に教えられ、育てられ、癒され、救われるという経験である」としている。

　一方、統合失調症患者の「主観的経験」研究の重要性をあらためて指摘したのは、Strauss, J.S.（1989）であるが、その論文によれば「臨床家が精神障害の人を理解するためには、その人との継続的な接触を通じて、その人の個人的目標（person's goals）、生きる軌道（trajectory）、通常の状態か否か（styles of regulation and dysfunction）、といったことに精通することが不可欠である」（Strauss, J.S. 1989, p.186）としている。

　しかしStrauss, J.S.（1989）では、患者（クライエント）の主観的経験を傾聴することの治療的意味を重視するものの、患者（クライエント）とのかかわりを通じた治療者（カウンセラー）自身の「主観的経験」の重要性については触れられていない。これはMayer-Gross, W.（1920）・阿部（1960）・江口（2000）などの研究にも同様に見られる傾向である。

そこで本章ではクライエントとカウンセラーの双方が面接の場においてお互いに「主観の世界」を開示し合い、それを共有する体験（間主観経験）が、お互いの「自己変容」につながり、結果、クライエントには「援助促進的」に働き、カウンセラー側も自分の臨床、ひいては自分の「生き方」までも変容させられるのではないかという視点から、それを以下に示す事例を通じて検討を試みたい。

2．事例の概要

クライエント：A君。27歳。男性。統合失調症により2年前まで入退院を繰り返していた。初回面接時は自宅療養中。クライエント（以下、Clと略）は、学生相談担当の女性カウンセラーからの紹介で筆者（カウンセラー　以下、Coと略）が面接することとなる。なお、この女性カウンセラーはCoのかつてのスーパーバイザーであり、高齢のため「引退」を決意され、懇意のCoにClの了承も取った上で引継ぎを依頼してきた。

主訴：病院を退院したが、治った気がしない。これからどう生きていったらよいかわからない。

家族構成：初回面接時、Clと両親との3人暮らし。その他、Clの上に姉（29歳）がいるが、家を離れている。またClの弟（24歳）は大学2年生であり、家族と離れ、ある地方都市で暮らしている。

　　父親は59歳の弁護士。役所勤めをしながら司法試験の勉強をした苦労人。無口だが、仕事上の顧客には絶大な信頼がある。Clの発病後も忙しい仕事の中で家族を支え、息子であるClにも信頼されている父親である。

　　母親は63歳の大学非常勤講師である。大変大らかな性格で、
人当たりもよく社交的。Clの面倒も大変きめ細やかにみている。
Clに急変があった時は、この母親が真っ先にCoに電話をかけて
くる。

生活歴・問題歴：満期正常分娩にて出生。幼児期より20歳までぜんそくが
　　　　あった。乳幼児期から小学校時代は、いわゆる「神経質な
　　　　子」として過ごす。中学校に入り、珍しい名前のため、か
　　　　らかわれ、徐々に肉体的いじめを受けるようになる。その
　　　　後、地域から離れ勉強させたいと両親はある名門私立高校
　　　　受験を本人に勧めるが、Clは、その遠方の高校には行きた
　　　　くなく、入学試験をわざと白紙で提出して不合格にする。
　　　　結局、近所の公立高校に通うこととなる。そこではまたい
　　　　じめの対象になり、高校１年生の末に退学する。その後、
　　　　１か月間、親戚を頼って南米へ一人で旅行する。
　　　　　帰国後、17歳は自宅で何もせずに過ごした。18歳になり、
　　　　大検（大学入学資格検定）予備校に通い、数か月でそこを
　　　　やめるが、その後独力で勉強し、大学受験資格を取得。19
　　　　歳、20歳と大学受験のための浪人をする。再び予備校に通
　　　　いはじめるが、登校時の周囲の人や同級生の目が気になっ
　　　　て数か月でやめる。21歳で、ある私立大学に合格するが、
　　　　入学後すぐに人に排斥されるような意識が強くなり、下宿
　　　　に引きこもった末、５月に大学の化学実験室から希硫酸を
　　　　盗み、下宿にて服毒自殺を図る。
　　　　　もがき苦しんだ後、自分でヨーグルトを飲んで、救急車
　　　　を自分で呼んだ。近くの内科で検診の後、大学病院の救急
　　　　救命センターでの処置を経て、同じ大学病院の「精神科」
　　　　に５月から９月まで入院する。併せて胃の一部の切除手術

を受ける。

　翌年22歳の時に１年次に復学するが、実質上、１年間、自宅療養となる。同じく22歳の時、家の軋みの音を「道元が自分に気合いを入れに来ている」と感じるようになり、徐々に精神的に追いつめられていった。そして「金を盗め。金を盗め」という幻聴も頻繁に起こるようになり、それが主たる要因で、近所の郵便局に入り、窓口で「金を出せ」と脅す。局員の連絡で警察に保護され、再び精神病院に入院。そこが合わず、すぐに脱走を図る。父親の計らいで他の精神病院に転院。その後、４年間、複数の病院の入退院を繰り返しながら25歳で退院となる。

　25歳春に大学に復学するものの、９月には退学。翌年２週間だけ２回目の南米旅行。その年（26歳）春に、「規定年次での卒業を目指したフルタイムの学生生活は自分には無理である」という本人の判断から、特定の数科目だけを履修する「科目履修生」として大学に復帰した。この頃より学生相談担当の女性カウンセラーと面接を開始する。その後、Coとの面接を始める27歳春までの１年間、この女性カウンセラーに「病院を退院したが、治った気がしない。これからどう生きていったらよいかわからない」と学生相談室で訴え続ける。この後、Coがかかわった６年間は、Clは引き続き「科目履修生」という立場で学生生活を続けていた。

面接構造：医療面でのケア・服薬コントロールなどはClの主治医である精神科B医師が担当し、B医師との協力関係のもとで、面接を続けている。

3．面接の経過

　現在まで、最初の３年間は、「大学の学生相談室は精神病院の『保護室』を連想させられる時もある」というClの申し出から、月１回、CoがClの自宅に赴き、面接を行う、いわゆる「訪問相談」（Coの交通費、Cl負担）を行った。次の３年間は、Coが遠方に転勤のため、週１回程度の「電話相談」（電話代、Cl負担）を行った。電話相談は、当初、週１回１時間、特定時間にCoの研究室で電話を受けるように設定した。ただし、現実には決められた時間外にしばしば電話がかかってくることもあった。緊急と緊急ではない時の区別が難しく、結局、時間外に電話で話すことも多かった。以上、都合約６年間125回にわたって学生相談を実施している。ここでは便宜上、訪問相談の３年間を第１期、続く電話相談の３年間を第２期として記述する。なお「　」はClの言葉、〈　〉はCoの言葉、＃は面接の回数である。

第１期：訪問相談　（＃１〜36回、X年４月〜X＋３年３月）

　初回いきなり「自分はきちがいにみえるか？」と第一声。〈なぜ？〉と尋ねると「病院を退院したが、治った気がしないから」と言う。この後３年間、過去から現在までのさまざまな話が続く。その際、必ず面接にはClは面接で話す予定のことを書いた紙を持ってきたが、その紙がなくなり他人に自分の内面がばれてしまうのではないかという「不安」にしばしば襲われ、ひどい場合は、Coの自宅にも電話で確認してきた。

　面接を続けていく過程で、この「確認癖」は次に述べる「いじめの記憶」「対人恐怖」「妄想傾向」「精神病院に再び入れられてしまう不安」などからきており、現在の「病院を退院したが、治った気がしない。これからどう生きていったらよいかわからない」につながることがわかった。

　第１期の３年間、Coは、ほぼ受容的「傾聴」に徹したが、Clとの関係がついてきた頃（２年目くらい）からだんだんと面接関係における自分の主観

を開示していくようになった。なお、以下のClの話は無論、整然と順を追って話されたわけではないが、便宜上、テーマごとに整理して提示する。

いじめの記憶

「自分がきちがいになった始まりはいじめからである」。第1期の1年目、そうClは繰り返した。中学時代、特定の生徒から首を絞められたり、砂利をなげられたり、指をカッターで切られたりした。その様子を他の生徒が見ていて、Clが上級生になると、下級生にまで馬鹿にされるようになった。高校に入り、肉体的暴力はなくなったが、からかい、冷たい視線、無視などが続いた。このままだと3年間やっていけないと思い、高校1年で中退した。この経験から「他人が信用できなくなった」「対人恐怖」になった。

対人恐怖

対人恐怖は浪人生1年目の時（19歳）から特に顕在化する。「同級生に陰口を叩かれた気がして抗議すると逆にその人から脅された。それから電車の中で変な目で見られたり、傘をどんどんと床に打ち付けて自分を威圧してくる人などが現れた。今でも人が恐い。じろじろ見られることが多い。外出ができない」。

それに対してCoは「傾聴」を続けていたが、面接の2年目春頃（＃15）にCoに〈社会人になって4年目くらいに電車の中で高校生の喧嘩を目撃するが、止めに入れなかったことがきっかけとなり、対人緊張が強くなり、人前で話す時や電車の中で人に対する恐怖や不安を感じるようになった。2年間ほどその状態だった〉と自分の体験を語った。Clは静かにその話に耳を傾けながら、最後に「そうかー」とだけ言った。その後もClの対人恐怖の話は続いたが、対人不安はいつも抱えているものの、面接3年目には徐々に独りで外出できるようになった。

妄想傾向

　Cl「今思うと、子どもの時からあったような気もするが、22歳の時、家の軋みの音を『道元が自分に気合いを入れに来ている』と特に感じるようになり、徐々に精神的に追いつめられていった。中学頃から、この『妄想』はあった。自分は藤原鎌足の生まれ変わりで特別な人間だと思っていた。中学３年生の時に霊媒師にもそう言われた。その高貴な自分が道元に導かれて、鍛えられ成長して、この世を救うのだと思っていた」。この妄想に関しては、面接開始時には払拭されていたが、Clによれば「対人恐怖」に形をかえて存在しているという。つまり、「高貴な自分」を下賎の民が羨ましがってちょっかいを出したり、好奇の目をむけているというものである。これも一種の「妄想」と思われたが、Coが否定も肯定もせず、受容的に傾聴を続ける中で、Cl自らが気づいていき、面接３年目の春（＃26）では「今まで言って来た『妄想』について、おかしさに気がついた。自分は普通の人間だった」と表明した。そして「普通の人間なら、なおさら他の普通の人を恐れるのはおかしいが、でも気になる」という気持ちも出てきた。これは現在でも、Clの中にしっかり残っている感覚である。Coは〈そのA君の感覚は否定できないし、なるべく自分も想像してみる〉と伝え、現在に至っている。

精神病院に再び入れられてしまう不安

　Clが入退院を繰り返した21歳〜25歳の５年間はすべての病院がそうだったわけではないが、幾つかの病院では他の患者や看護士からいじめられ、「地獄」だったという。そのため、脱走したり、投身自殺を図ったりもした。特にある病院の同じ病棟に、全身大やけどで指がない人がいた。その人を見ていると、自分も同じ運命なのではないかということで大変不安になった。この不安は面接初回から２年目くらいまで、毎回のように表明されたが、３年目の夏頃（＃28）にClから「もし自分がいわれなく入院させられる時があったら、先生（Co）は助けてくれるか」という問いがあった。それに対してCoは〈もしそのような時はきちんと調べていわれのない入院だったら、

抗議する。無論、そのような場合はB先生（Clの主治医。精神科医）にも相談する〉と答えた。Clは嬉しそうにうなずいて、その後は、この不安については面接では語られなくなった。

　第1期の3年間の面接を通して、当初のClの主訴である「病院を退院したが、治った気がしない。これからどう生きていったらよいかわからない」ということがCo側におぼろげながらも徐々に見えてくるようになった。またCoはClが得意とする「囲碁」（Clはアマチュアだが有段者。指導者の資格もある）を勧め、近所の碁会所や自宅で人に囲碁を教えるようになった。週1回程度だが、外出する経験、人とふれあう経験はClの生きづらさを少しずつだが軽くしていった。

　面接3年目の終わり、かねてより決まっていたCoの転勤があった。転勤のかなり前にClに伝え、新しいカウンセラーも紹介したのだが、「どうしても先生（Co）がよい」ということで、面接形態を週1回程度の電話相談に切り替えた。それが続く第2期の面接である。

第2期：電話相談（♯37～125、X＋3年4月～X＋6年3月）

　第2期の面接ではClの話は第1期に比べ格段のまとまりをもつようになった。そこで第2期は時間を追って経過を述べたい。

　第1期から週1回続けていた「囲碁」の指導を継続。また主治医のB医師の勧めで近所にある「精神保健福祉センター」のデイ・ケアに週1日～2日通いはじめる。Clの当初の感想「（デイ・ケアは）大人の幼稚園みたい（笑い）」。Co、Clと共に笑う（♯38　X＋3年5月2日）。お茶を飲んだりおしゃべりしたり多少のレクレーションがあったり、楽しいのだが、「ぬるま湯につかっている感じ。こんなことでいいのかなと思う」。Co〈あまり焦らなくてもよいのでは〉と言う（♯42　5月31日）。

　デイ・ケアの担当医に「周りの人に見られている感じ」と表明した。担当医から「日本人は多かれ少なかれそういう傾向がある」と言われるが、Clは納得できなかった（♯45　6月19日）。「妄想傾向」はなくなったが、また妄

想が起こるのではないかという「予期不安」に襲われ、抑うつ状態になる。
Co〈担当医の意見をおかしいというのは簡単だが、もっとよく話してみては〉
と提案（♯58　9月27日）。本人は再び担当医と話して「解決法は示されな
かったが、僕の気持ちをよく分かってくれてなんかすっきりした」と報告が
ある。Co〈それは本当によかった〉（♯60　10月10日）。

　デイ・ケアに通いはじめた頃から知り合いになった人（患者）が家に訪ね
てきたり、お金を貸してくれとしつこい。担当医に言っても取り合ってもら
えなかった。Co〈場合によってはB医師（Clの主治医）と話し合って、対策
を考える〉（♯65　11月11日）。それに対してCl「そこまでしなくていい」と
言って、本人自ら喧嘩になりそうになりながらも、その人（デイ・ケアの知
り合い）と（「デイ・ケア担当医」を交えながら）話をつける。Co〈ほんと
によくやりましたね〉。Cl「暴力沙汰にならず話し合いで解決できたことは
よかった。少し自信ができた」（♯72　X＋4年1月24日）。

　X＋4年2月、「精神障害者保健福祉手帳」（1級）取得。併せて精神障害
者年金受給開始。Cl「経済的に少し楽になるのはいいが、自分が1級に認定
されたことは、頭では違うことは理解できるが、本格的に国から『きちがい』
認定を受けた感じがする」。（少し腹を立てながら）Co〈気持ちはわかるが、
忙しい勤務の間で書類を作成してくれたB先生（Clの主治医）の気持ちはど
うなるの？〉。その後、沈黙で電話が終わる（♯75　2月14日）。

　Cl「受診日にB先生と話した。先生は『そんなの気にしなくていい』と
言ってくれたが、自分で反省した。意義あることに年金は使いたい」。Co
〈君を責める気持ちはなかったが、考えてほしかった〉と表明し、Clとのギ
クシャクしたムードはなくなった（♯79　2月27日）。実際、この後4月頃
より、Clは自分の将来のためにと言って、年金を「CAD（機械製図）」の学
校へ通うための学費に当てるようになる。

　X＋4年5月、デイ・ケアへ通うことは、Clの外での活動（囲碁指導、ア
ルバイト＝荷物の仕分け作業・X＋3年4月頃より開始、CAD専門学校へ
の通学など）が忙しくなったことと、本来の目的（退院後の社会復帰への橋

渡し）は達しただろうということで、B医師、Cl本人、Coの話し合いの結果、終了することとなる。

　X＋4年9月、半年前から計画されていた本人にとっては3回目の「南米旅行」。本人は意気揚々と出かけていったが、6か月の予定を1か月で帰ってきてしまった。10月にはClは帰国していたのだが、12月までCoに連絡がなかった。後で本人に尋ねると、「6か月滞在してくると、宣言して出かけた以上、1か月で帰ってきてしまってカッコがつかなかった。またホームステイ先の人に自分のこれまでの人生を話したら、『人生から逃げている。死を美化している』と叱責され、抑うつ状態で帰国した」という（＃108　12月18日）。続いて＃109（X＋5年1月8日）では「ある駅でホームレスの人と話して、南米も自分にとっては辛かったが、日本はもっと大変で、こんなことではいけないと思った。しかし、かえって力が入りすぎ、もっと落ち込んでしまった」。

　X＋5年2月下旬、Coが結婚。＃110（3月6日）にClよりお祝いの電話をもらう。Cl「本当におめでとうございます。でも、先生（Co）が家庭を持たれると、今までのように自由にお電話できませんね」。Co〈いや、続けてもらってかまわないけれども、前よりは少し制約されるかもね〉。Cl「わかりました」とだけ答えて、その後、約3か月1回も電話はかかってこなかった。Coは〈便りのないのは元気な証拠〉と単純に考えていた。

　X＋5年6月12日の夕方、突然にClの母親から電話。Clが病院からもらっている薬をまとめて50錠ほど飲んでしまい、昏睡状態であるとのこと。Coは、まず「精神科救急」に電話を入れ、指示を仰ぐことを母親に提案。母親はその通りにして救急の指示で近くの内科医院でClの「胃洗浄」をし、本人の希望と主治医のB医師の勧めで精神科に短期入院の手続きをした。しばらくして落ち着いてからCoは、この約3か月の間、なぜこちらの方からClに連絡してあげなかったのかを自問自答し、いろいろ自分に言い訳を言ってみたが、結局、カウンセラーとして、人間としての自分の「浅さ」を反省した。

　7月25日（#111）、Clから連絡が入る。Cl「ご心配かけましたが、今は
元気になりました。先生（Co）がご結婚され、本当にうれしい気持ちもあっ
たのですが、自分だけが取り残されるような気持ちになり、こんなことだっ
たら生きていてもしょうがないという気持ちで50錠まとめて薬を飲んでし
まいました。本当にすみませんでした」。Co〈謝ることはありません。そん
な大変な時に連絡一つしなかった私の落ち度です。赦（ゆる）してもらえるなら、こ
れからはできるだけ長くA君とはお付き合いさせて頂くつもりです〉。Cl
「先生（Co）には責任のないことなのに、そこまで言ってもらえて本当にう
れしい」。この後、再び毎週コンスタントにClから電話が来るようになり、
「一進一退だが、どうにかがんばっている」という報告を受けていった。一
応、平静は取り戻したかに見えていた。

　X＋5年8月28日（#117）、Cl「数日前、母親が運転中、発作が起き、救
急車で病院に運ばれ、左半身不随の状態になってしまった。やはり自分のこ
とで母親に多大な心労を与え続けたのが原因かと思う。今まで一番の頼り
だった母親が家からいなくなり、大変ショックを受けているが、一方、自立
する試練かもしれないとも思っている」。Co〈知らないこととはいえ、本当
に残念です。どうにかみんなでこの難局を乗り越えましょう。僕もできるだ
けのことはします〉。この後、母親は年末まで入院し、翌年X＋6年1月に退
院した。その間4か月、Clは病院から許可されている範囲の最大限まで面会
に何回も通った。母が退院後もできる限り、リハビリに同行して母を助けて
いる。

　この間、Co夫婦に女児授かる（X＋5年9月）。Cl「本当におめでとうご
ざいます。でも僕は今後どうなってしまうのでしょう。30歳を過ぎて独身で
病気も抱えている。何か希望が全然ないような気もするんですが……」。Co
〈人生の歩み方は人それぞれでいいんじゃないでしょうか。A君にはA君な
りの歩み方があります。私は今後もできるだけA君と共に同時代を歩んでい
けたらと思います〉。Cl「それを聞いて安心しました。先生（Co）が結婚さ
れ、自分とは疎遠になってしまうのが一番不安でした。今後ともよろしくお

願いいたします」。

　その後は、将来の目標にむけてA君なりに歩んでいる。ただしCl「一歩前進百歩後退」（#123　X＋6年1月31日）などの言葉に象徴されるように、内面はかなりの不安や葛藤を抱えており、今後も電話相談をできる限り継続していくつもりである。

4．考　察

　間主観経験という場合の「主観の世界」とは、その人なりの意味付けをもった「喜び（歓び）・怒り・悲しみ（哀しみ）・楽しみ・苦しみ・迷い・戸惑い・焦り・憤り・不安・葛藤・希望・願望・意図・意志」などの内的世界のことを指す。そしてCl・Co双方がお互い「主体」としてかかわる中で、その「主観の世界」をお互いが開示しあい共感的に了解し合う関係形成の過程にあって、醸成されるものを間主観経験と呼ぶ。以下、この「間主観経験」という点に焦点を当てて面接経過の考察を試みる。

　初回いきなり「自分はきちがいに見えるか」と問うClの姿に象徴されるように、面接当初のClの内的世界は迷い・葛藤・苦悩・悲哀などの入り混じったものだったと推察される。Coは第1期の1年目までは、ほぼ受容的に「傾聴」に徹する。ClにとってCoは自分の話を「そのまま聴いてくれる相手」として徐々に認知されていき、2年目以降は、慎重にCoも自分の主観を少しずつ開示していった。そのことにより、面接場面がよりリアルなものになり、ClにとってCoは「自分の体験を共有できる相手」になっている。

　第1期においてClの「病院を退院したが、治った気がしない」という当初の主訴は、Co側におぼろげながらも徐々に見えてくるようになった。それは中学生時代から続く「いじめの記憶」に端を発し、浪人生の時代から顕在化した「対人恐怖」の体験、それと並行した「妄想傾向」、精神病院の入退院、その後の「精神病院に再び入れられてしまう不安」が複雑に絡み合っ

た結果だった。その思いをCoは共感的に傾聴することによって、整理することまではできなかったが、なるべくそのままを聴くことによってClとの関係性を深めていった。

　先述のように第１期２年目以降は、慎重にCoも自分の主観を少しずつ開示していった。「対人恐怖」に対しては、Coは自分の対人恐怖の時代の体験、それがいかに不安を喚起させ自分にとって大変な苦しみだったかを素直にClに語っている。「妄想傾向」に関しては否定も肯定もせず、なるべくCoもそのことを想像してみると伝えている。「精神病院に再び入れられてしまう不安」には、主治医のB医師との協力関係の元に「いわれのない入院だったら、抗議する」とClに伝えている。以上はClの体験を共有しようとするCo側の意志の表明でもあった。現実生活ではClは徐々に外出も可能となり、週１回程度、近所の碁会所で囲碁を教えるようになった。家族やCo・主治医以外の人とも触れ合う体験はClの「生きづらさ」を少しずつだが軽減していった。

　このようなクライエント――カウンセラー関係の進展は、Coの転勤などがあったのにもかかわらず、Clの方から希望して電話で相談を継続していくことにもつながっている。それが続く３年間の面接第２期である。第１期においてClにとってCoは「自分の体験を共有できる相手」になっているのだが、間主観経験でいうところの「主観の世界を共有し、分かちあう」という次元までは至っていない。無論「完全なる共有、分かちあい」の次元は実際には不可能なことなのだが、両者の主観の世界が限りなく接近していくことに援助的意味がある。したがって、そのプロセスにはいったん接近したものが離れたり、また再び接近したりという流動的なプロセスがあるのである。

　第２期Clはデイ・ケアに通いはじめる（＃38 X＋３年５月２日）。当初「大人の幼稚園みたいだ」と語るClには、「自分の生活はこんなことでよいのか」というかなりの「焦り」があった。一方、Co側は、そのような焦りを受容しつつも、このように自分の思いをさらに素直に表明できるようになったClに対して好ましい印象を持った（＃42　５月31日）。デイ・ケアの他の

利用者との「いさかい」もデイ・ケア担当医の助力も得て、Cl自らが解決している（＃72 X＋4年1月24日）。＃75（2月14日）には「精神障害者保健福祉手帳」を取得。経済的支援はおおいに助かるものの「本格的に国から『きちがい』認定を受けた感じがする」と語るClに、Coは〈忙しい合間を縫って書類を作成してくれたB医師の気持ちになってください〉という「怒り」の感情をむける。かなり抑制的に言ったつもりだが、Clにとってショックだったらしく、その後、面接は沈黙の中に終わる。この面接の後、Clは主治医のB医師と会い、この話題を話した。Coは定期的にB医師と連絡を取っていたので、B医師は「そんなこと気にしなくてよい」とClに伝えてくれた。いったんはClとの関係が崩れる惧れがあったが、Coの抑制された「怒り」の表明は結果的にはClに良い影響を与え、年金を機械製図の学校に通うための学費に当てることになった（＃79 2月27日から4月以降）。

　第2期2年目（X＋4年）の9月からClは南米旅行に出かける。ホームステイ先の人に生き方を批判され、抑うつ状態で6か月の予定を1か月で帰国。その後12月までCoに連絡がなかった。再び連絡があったときは、南米旅行での出来事を一方的に話すClであった。Coは黙ってその話に耳を傾けていた（＃108 12月18日）。この後、電話がかかってくる回数が極端に減り、心配していた頃、3月に再び電話がある（＃110 X＋5年3月6日）。2月下旬にCoが結婚の報告をしていたことに対する「お祝い」の電話だった。また、その時、「Coが家庭を持ったことにより、今まで通り頻繁には電話できなくなるのでは？」ということをClは心配そうに語った。それに対してCoは〈回数は制限されるかもしれないが、今までどおり電話での相談は続けてかまわないこと〉をClに伝えた。しかし、その後、3か月間、電話は一回もかかってこなかった。

　Clは6月に服薬自殺を図る（6月12日）。あたかもClの内面の「慟哭」が行動化されたような、Coにとって衝撃的な出来事だった。Coは新生活の忙しさにかまけ自分の方からClに連絡していなかった。そして自分自身にいろいろと言い訳を言ってみたが、結局、面接に臨むカウンセラーとしての落

ち度、さらには人間としての自分の「浅さ」を実感させられることとなった。Clとの関係性から言えば、当然のことながら両者の主観の世界はかなり離れていたといえよう。そのことを退院後のClからの電話（＃111　7月25日）では素直に話してみた。それに対してClは「Coには責任はない」と言い、自分なりに再び歩み始めていることをCoに教えてくれた。その時、CoにはClの中にしっかりと「自ら自分をコントロールしていく力」の萌芽（ほうが）が見て取れた。そして、その萌芽を共に育てていく人間の存在、すなわち「同伴者としての私」（Co）の存在の重要性にも気づかせられた。それが「カウンセラーとしての私」（筆者）の生きる意味でもあることが、心の底から実感された。

　第2期3年目の8月（＃117　X＋5年8月28日）には自分の母親が左半身不随になってしまったことに対して、Clは「自立する試練かもしれない」と述べ、Coもできるだけの精神的サポートをすることをClに約束した。その後、Clは病院から許可されている範囲で最大限まで母親の病院に通っている。9月にはCoに女児が授かる（X＋5年9月）。Clは、そのことを祝ってくれると共に、今後の人生に対して不安が大きいことも表明した。Coは〈自分にも当てはまることだが、人生の歩み方は人それぞれで良く、今後もできるだけClと共に同時代を生きていきたい〉と話す。Clはその言葉に安心して、内面にはかなりの不安や葛藤を抱えながらも（＃123　X＋6年1月31日）、「同伴者としてのCo」と共に将来の目標に向かって自分のペースで歩むようになった。なお、電話相談は現在（X＋30年以上）でも継続している。

　以上の面接経過の考察を通じて明確化されてきたのは、Clの心の世界、主観の世界の動きに密着しながら、Coの主観の世界をも慎重に開示しつつ、Co自身をいろいろと変容させ調節しながら、Clを了解していこうとする認識方法の重要性である。それが本章で言うところの「間主観経験」につながる。また、その認識方法は（1）クライエントとカウンセラーの関係、（2）認識過程、（3）その認識過程が与える影響の3点から次のように特徴を整理できるだろう。

（1）クライエントとカウンセラーの関係

　クライエントとカウンセラーが面接過程に沿って、心理的接触をもちながら、その時その時を共に過ごし、それによって面接の場に生じてきた主観の世界の重なりを共有し分かち合うことによって、共に交流し合うという意味で、相互的関与的関係といえる。

（2）認識過程

　カウンセラーがクライエントと共に「間主観経験」を積み重ねることから生じた勘（かん）、骨（こつ）、技（わざ）、インスピレーションなどを総動員して、その時その時の面接場面の「今、ここで」の洞察を行うことに特色がある。そこから生じるのは自明な事柄ながらも、クライエント・カウンセラーの双方は他に替えられない「主体」であるということの意識であり、その「主体」同士が自分の主観の世界を相手に接近させていきながらお互いが相互的に了解しあうという認識過程である。

（3）その認識過程が与える影響

　カウンセラーがかかわる一つひとつの事例は、他に替えられないある意味唯一絶対的な体験を生じさせる。その一つひとつの事例を丁寧に深く認識していくことによって、その道はかなりの険しい道のりではあるが、「人間の本質」の理解に限りなく近づくことができる。そして結果的には、未知なるクライエントとの「出会い」も含め、クライエントには「援助促進的」に働き、カウンセラー側も自らの「心理臨床」あるいは自分の「生き方」の変容、さらにはクライエントと共にあり、かかわりながら共に歩んでいくという「同伴者としての私」という意識が生じる可能性がある。

　以上の「間主観経験」に関する考え方は、面接形態・面接構造・自己開示の効用と限界など、すなわち「臨床的な枠」を保つことが前提となり、本章のような統合失調症寛解期のクライエントのみならず、かなり広範囲のクライエントに対する援助方法論の基礎を再考させてくれるものだと思われる。

5．おわりに ―まとめに代えて―

　本事例で示された「間主観経験」をかけがえのないクライエント一人ひとりと積み重ねていく過程にあたってカウンセラーがクライエントに示す態度のことを「同行」の姿勢と呼ぶ。同行（あるいは同行関係）とは伊藤（1998）によれば「互いに主観を開示し合い、真理に向かって人生修行を積み重ねていくこと」（p.63）であるが、筆者にとってその同行のイメージ・モデルは「精神科医神谷美恵子と癩患者とのかかわり」である。このことについて鶴田（1999）では次のように述べている。神谷美恵子と癩患者とのかかわりから連想されたのは「『お遍路さん』ということである。実際のお遍路さんでは遍路する人の菅笠に『同行二人』と書いてある。弘法大師空海と共に行くという意味である。神谷美恵子における同行とは、患者と同じ地平を一人間として共に歩んで行く『求道的生き方』そのものが『人間性の探求』『人間の生きる意味の探求』となりうるような『生きがい』追求の道と言えよう。これこそが、神谷美恵子の『生きがい研究』の根底を支える思想であり、それは同時に決して平坦ではなかった神谷の人生であったが、それでもなお『生きがい』あるものにした要因だと思われる」（pp.172-173）。

　神谷美恵子と自分（筆者）を同一視しているわけではないし、「真理」とは何かを今、明確に答えることもできない。また「統合失調症」のクライエントに対して「同行」「生きがい」を強調して面接に臨むことは危険なことでもある。本事例のような寛解期にある統合失調症のクライエントにおいても、当然のことながらその内面は不安や葛藤が渦巻き、実際の日常生活においてもその「生きづらさ」によって苦悩を抱えているケースが多い。そのような時、クライエントに対して「生きがい」ということを前面に押し出して面接を続けたとしたら、「生きがいをもたなくてはならない」という焦りが「強迫観念」に変わり、ひいては生きることへの不安や葛藤を深めてしまい、生きづらさを助長する結果にもなりうることが容易に考えられる。そして

「生きがい」ということがクライエントにとっては「自己の存在意義」に脅威を与えるものだと判断し、病態が悪化する人もいることは想像に難くない。

　これでは「同行」という関係を共に築いていきようがない。そこでむしろ「同行」の観念的部分はCoの心の底にきちんとしまっておき、実際の面接においては「同行」という言葉は無論用いずに、大変難しいことではあるが、なおかつ「同行の姿勢」を貫く必要がある。その中からクライエントの日常生活における安定がまず生じ、その安定を基礎にして徐々に静かにクライエントとカウンセラーの「生きがい」が浮かび上がってくるのではないかと思われる。したがって本事例の場合もクライエントとのかかわりは可能な限り「同行の姿勢」をもって今後も継続していく必要があり、その中での「自己変容」は紆余曲折はありながらもクライエント・カウンセラー双方に生じていくものなのであろう。

【文献】

阿部忠夫（1960）「精神分裂病者急性期経過後の静態期における病に対する態度について」『お茶の水医学雑誌』8(2)、pp.195-213。

江口重幸（2000）「病の語りと人生の変容 ── 「慢性分裂病」への臨床民族誌的アプローチ」やまだようこ（編著）『人生を物語る ── 生成のライフストーリー』ミネルヴァ書房、pp.39-72。

伊藤隆二（1997）「臨床教育心理学と『事例研究』の研究 ── 間主観経験を主題に」『東洋大学文学部紀要』50、pp.145-173。

伊藤隆二（1998）『「こころの教育」とカウンセリング』大日本図書。

Mayer-Gross, M. (1920) "Über die Stellungnahme zur abgelaufenenakuten Psychose: Eine Studie über verständliche Zusammenhänge in der Schizophrenie." *Zeitschrift für die gesamte Neurologie und Psychiatrie. Originalien.* 60, pp.160-212.

Strauss, J.S. (1989) "Subjective experiences of schizophrenia: toward a new dynamic psychiatry ──Ⅱ." *Schizophrenia bulletin.* 15(2) , pp.179-187.

鶴田一郎（1999）「神谷美恵子の『生きがい研究』、その契機と過程」『人間性心理学研究』17(2)、pp.164-175。

事例2

不本意入学した女子学生の事例

1．はじめに ―問題の所在―

　本人が第一志望として入学したのではなく、何らかの事情で第二第三志望
の大学に不本意ながらも入学する学生がいる。このような学生は大学生活に
不満や不全感を感じやすく、中には中途退学や進路変更を行う学生もいる
（松原 1999, pp.451-452）。ただし、第二、第三志望の大学であっても入学後、
その領域に興味を持ち、やる気を発揮する学生もいる。逆に第一志望の大学
に入学しても自分が抱いていた理想と、現実の学生生活のギャップに悩み、
不登校や中途退学に至るケースもある（鳥山 2006, pp.18-38）。
　一方、特に女子学生では「本人が浪人したいと望んでも親がそれを許可し
てくれなかったり、自分がやりたい専攻課程がある大学が遠く離れた場所に
あり、自宅から通わせたいと望む親に受験させてもらえなかった」（佐々木
2002, p.178）という場合もある。このような女子学生に特化された不本意入
学の事例もある。
　本章では、上のテーマを考えていく第一歩として、不本意入学した女子学
生の事例を提示し、その学生相談過程を具に検討していくことを通して、学
生相談における「不本意入学」学生への支援の方法について考察したい。

2．事例の概要

学　　生：B子さん、女子、来所時18歳、文系学部1年生。

相談内容：本当は第一志望であった他大学の理系学部に進学したかった。また、今の大学で所属している文系学部に何の興味も持てない。

来談経緯：保健室を経由した自主来談。

家族構成：父（会社員）・母（会社員）。兄（23歳・フリーター）・B子さんの4人家族。

本人の生活形態：アパートでの一人暮らし。

初回の本人の印象：表情も明るく、笑顔で、話していることもわかりやすい。痩せ型で背は普通、姿勢もよく、身なりもきちんとしている。ただし、話が一方的になる傾向があった。

3．面接の経過

　面接は原則週1回（約50分）とした。初回は4月中旬で、前後期制の大学なので、来所した時期は、前期のはじめ、入学直後に当たる。全体として約4か月の間に10回の面接を行った。

　以下、B子さんおよびその他の人の言葉を「　」、カウンセラーをCo、Coの言葉を〈　〉で記す。

第1回（X年4月中旬）

　B子さんは入室して挨拶が済むなり、すぐに次のように一方的に話し始めた。

　「今の所属している文系学部は不本意入学だ。第三希望ですらなかった。滑り止めというわけでもなく、たまたま時間が空いていたので受験した。本来の志望は、ある別の大学の理系学部。今の大学の理系学部も受けたが不合格だった。自分（B子さん）は浪人して受け直すつもりだったが、両親から『女の子でもあるから浪人はしないでほしい』と言われ、仕方なくこの大学に入学した。

　両親は共働き。父は『〜すべきだ』が多く、今までの私（B子さん）の進路も一方的に決められてきた。一方、母は優しくて自分（B子さん）の話をよく聴いてくれるが、進路に関しては父に全面的に賛成してきた。小さい頃の記憶はないが、小学校から高校まで、いわゆる『鍵っ子』で、両親からはほっておかれた感じが強い。家族は他には5歳上の兄がいるが、小学校までこの兄の『使い走り』をさせられていた。中学で兄に反抗して、今は没交渉。この兄は高校卒業後、定職にも就かず、ブラブラしていて、家に自分の借金を押し付けたりしている。この兄とは会いたくない。

　入学式前日からアパートでの一人暮らしを始めた。第一志望の他大学に入学した友人がいるが、サークル活動など他大学は楽しそうだ。高校の3学期（B子さんは現役合格なので数か月前のこと）に不安定になり、不登校になった。精神科を受診し、うつ傾向を指摘され、投薬も受けた。幸い薬が効いて、精神科は3回通院して終わった。ただ、卒業式当日に幽霊部員だったあるクラブを『よくがんばった』と担任が大きく勘違いして皆の前で強調して褒めた。これは自分にとって大変ショックなことで、これをきっかけにパニック状態になり、大声を上げて泣きながら廊下を走ってしまった。このことを知る高校の同級生が今の大学の他学部におり、絶対顔をあわせたくない。

　その一方で、入学後、学部内に気の合う友人が数名できた。これらの人と話ができるので、大学に来ること自体は嫌ではない。しかし、全般にやる気

が起こらない。下宿で一人の時、うつ的になる。また、授業が始まる時に胃がキリリと痛む」。

　この間、Coは話を傾聴。B子さんは、にこやかにそして明瞭な口調で話し続けた。

第2回（X年4月下旬）

　入室するなり、B子さんは「頭もフワフワ、身体もフワフワ、浮かんでいる感じ。大学も勉強もどうでもいい」と明るい笑顔で話した。しかし、前回話された高校の卒業式のパニックのことをCoが尋ねると、急に下を向き涙を流し始めた。しばらくしてB子さんが落ち着いたので、Co〈今後、無理な質問はしないよ。また、話したくないことは話さなくてもよい〉と言うと、安心して笑顔で話し始めた。卒業式のパニックについては「一番質問されたくない、しゃべりたくないことだった」とB子さんは話す。

第3回（X年5月上旬）

　B子さん「大学の授業に興味がもてない。来週から引きこもるかも」と言う。Co〈えっ、引きこもる？〉。B子さん「引きこもりと言っても食事や普通の生活はするが、学校には来ないという意味」と答える。続けて、「高校時代、友人（女性）がリストカットをしていて、その友人と自殺の方法についてよく話していた。今ではその友人も、B子さんが入学を希望していたある大学に入学している」という。B子さんは「その友人を羨ましいとは思わない」と言いながらも、顔はとても悔しそうだった。また、最近、特定の友人を除いて、その他の学生とつきあおうとしないB子さんを心配して、担任の先生（B子さんの大学には担任制度がある）から、「君、何か悩んでいることあるの。僕に言ってみなさい」と言われたが、何も言う気になれず、父にどことなく似ているこの担任に心の中で「うるさい。ほっといてくれ」と叫んだ。

第４回（X年５月上旬）

電話をしたら嫌いな兄が実家に戻っていた。B子さん「不快なので連休も実家には帰らない」。続けて家族の話「兄は論外だとしても、父も母も自分（B子さん）を理解してくれない」。最近のB子さんは学校には来るが授業には出ない状態が続いていた。

第５回（X年５月下旬）

B子さん「２週間ほとんど家（下宿）にいた。家ではファミコンばかりして、外に買い物に行く気にもなれなかった。夜寝つきが悪く、夜中の３時頃やっとうつらうつらしてくるが、気づくと朝の７時頃で、そうなるともう眠れない。学校には気晴らしのため１回だけ来たが、結局つまらないのですぐ帰った」。

続けて、週末に実家に帰って進路の話題になったことを話す。B子さんによれば、母からは「せっかく入れたんだから４年間で卒業しなさい」と言われた。B子さんから見て母は「家族の中で一番まじめ、また自分（B子さん）とよく話をしてくれる」という。一方、父からは「何か別の目標があるなら今の大学をやめてもよい。何かあるのか？」と詰問され、本当はあるのだが反射的に「ない」とB子さんは答えてしまった。父は「それじゃ。だめじゃないか。やめてどうするのか？」とさらにB子さんを問い詰めたが、B子さんは「寝る」とだけ言い残して自分の部屋に戻った。B子さんから見て父は「一応はまじめな人なのだが、話をしたくないタイプの人間だ」という。上のように話したB子さんだったが、この後、２週間に一度くらいの割合で実家に帰っている。

Co〈ところで、B子さんは本当は何がしたいの？〉。B子さん（はっきりと迷いなく）「福祉機器の開発です。障害がある人を援助する機器、特にコンピュータ関係、例えば音声読み取りソフトの開発などがしたい」。続けて「自分（B子さん）は新しい環境に慣れるまで時間がかかる。高校入学の時もそうだった」と語る。Co〈気休めでなく、それはそれでいいんじゃないか

な。B子さんはB子さんのままで〉と言うと、B子さんは嬉しそうに微笑んだ。

第6回 （X年6月上旬）

　前回の面接で、Coから〈あなたはあなたのままでよい〉と言われ、気持ちが落ち着いたのだが、その後、親しくしている大学の友人の一人が休学願いを出したことを知り、「再び不安定になった」とB子さんが話し出す。そして「自分も退学したい」と再び考え始めたという。続けて、B子さんは「ただ、なんだかやる気が出ない。今はやりたいこと（福祉機器の開発の勉強）を頭に思い浮かべることはできる。でも、それを実際、今の大学をやめて新しい大学を受け直し、進路変更するという行動に結びつけることができない。大学を受け直すという目標を高らかに掲げたいが、新しい大学に受かる感じがしない。そして何もできずに腐っていくような気がする」と話す。Co〈腐っていく？〉。B子さん「そうです。文字通り腐っていく。身も心も。家にばかりいるせいでしょうか。このような考えばかりが浮かぶ。私はおかしいのでしょうか」。Co〈おかしいかどうかはわからないが、休養が必要だと思う。週末ゆっくりご両親と話し合ったらどうだろうか〉。B子さん「わかりました。そうします」。

第7回 （X年6月中旬）

　前回の言葉どおりB子さんは週末実家に戻り両親とじっくり話してきたという。B子さんの話「どうせ週末は実家に帰る予定にしていたので、そのまま実家に帰った。なかなか今後のことを話し始めることができなかったが、父から誘われ近くの河川敷で何気ない話をした。そうすると、徐々に気持ちが落ち着いてきて、帰宅した後で、母に素直に大学を受け直す希望があることを告げることができた。また大学入学後、さまざまな悩みに襲われていたことも両親に話した。両親はわかってくれた。しばらく実家で静養することも両親に勧められたが、いったんアパートに戻ろうと思い、今日、面接室に

来ました」。Coは両親と和解し始めたB子さんの姿を嬉しく思うと同時に、大学を受け直す準備を今後支援していくことをB子さんと話し合う。

第8回（X年6月下旬）

　この回はB子さんに求められて次のようにCoの今までの人生過程について自己開示（self-disclosure）した。

　〈私（Co）は1962年、福岡県で出生。家族は、父・母・姉・私（Co）の4人。その後、父親の転勤により、各所を転々とする。小学校4年生の時、両親が千葉に住宅を購入、その後、高校時代まで、その家で過ごす。中学から高校時代は姉の問題で常に母親が振り回されていたが、父親は単身赴任で不在であったため、父親不在の母子家庭という感じであった。私は、家庭のこととはなるべくかかわらないようにして、山登りやクラブ活動に無理矢理熱中し、このことを忘れようとしていた。

　思春期と青年期は、勉強もせず、山登りに熱中した。大学時代にもクラブに入り、より高い山、難しいルートを目指した。勉強や学問で力を発揮できないと思っていた私は、その反動からか登山に過剰にのめり込んでいった。そして、長い間の運動部経験から、弱肉強食・優勝劣敗・強者の論理を身につけてしまった。友人を蹴落としてでも自分が高い山、難しいルートを目指したかった。しかし、大学3年生の時に滑落事故に遭い、登山には二度と行けない身体になったばかりか、リハビリテーションにその後3年ほどかかった。それまで大学の講義に出たのは一度か二度であり、卒業は望めないということで、事故から1年後に大学は自主退学する。

　大学にも行かず、毎日、リハビリテーションに病院に通うか、コーヒー（自分でブレンドして）を飲むか、音楽（ジャズ）を聴くかの日々であった。登山家になるという夢が破れた『生きる屍』。同級生が次々と就職を決めていく中にあって自活する気力がない世捨て人と自分を蔑んでいた。また、この時期、山登りの仲間が相次いで遭難死したことも、心を落ち込ませる結果となった。自分など生きている価値がないのではないかと思いつめ、自殺を

図ろうとしたこともある。

　23歳になり、偶然に山岳部ＯＢの誘いがあり、西サモアのODA（政府開発援助）の建設プロジェクトで１年半働くことになる。西サモアの人々は、タロイモやヤムイモ、ブレッド・フルーツ（パンの実）などを主食とし、基本は自給自足で、環境と調和して家族や親戚と仲良く、ゆったりと生活していた。自然環境も赤道直下とは思えぬほど、年間平均気温が30度と過ごしやすかった。ただ日中の炎天下の下では体感温度70度を超えることもあったが、その反面、夜間は20度前後になり、寝苦しい夜は皆無だった。自分がその中で生活していることは、自覚的ではなかったが、大いなる自然に包まれて、自然と一体化したようなゆっくりとした時であった。

　サモアの人々も私に友好的でやさしく接してくれた。日本にいる時に悩んでいたことは夢のようだった。『このまま、死ぬまで西サモアで生きていけたら、これほど幸福なことはない』と心の中で思っていた。しかし、滞在１年が過ぎたころより、この夢のような生活にどっぷり漬かっている自分に不安を感じ始めた。なぜなら『一生サモアで生活しても自分はサモア人にはなれない、あくまでも自分は日本人なのだ』と思い始めたからである。日本の国を離れると、日本という国を対象化して客観的に考えることができる。そこには悪い面も多々ありながらも、自分のルーツがある。そう思い始めて、段々と帰国の準備を始めた。夢の世界・非現実の世界に呑み込まれることから、私を現実の世界に引き戻させてくれた出来事だった。

　24歳で帰国後、西サモアで縁ができたある専門学校に就職することになる。登山や西サモアでの経験が校長にかわれてのことである。その専門学校は、当初は非行・高校中退者・発達障害児など行き場のない生徒を受け入れていたが、時代状況に連動して、中学での校内暴力の加害者・被害者、不登校・引きこもり・家庭内暴力、いじめの加害者・被害者、援助交際の女子高生といった生徒を受け入れていくようになった。そこでは、当初、教員として採用されたが、むしろ授業や学校教育をどう行っていくかよりも、いかに生徒たちと付き合っていくかが主たる課題になっており、その必要性から『心理

学』や『教育学』を学んでいった。

　特にその学校の非常勤講師であったＡ先生の導きにより、精神分析の世界を体験することになった。Ａ先生は日本の精神分析の黎明期に精神分析を学んだ方で、ご主人も精神分析を学んだ精神科医であった。週２、３回学校を訪れるＡ先生には、精神分析の視点からの生徒理解の方法や生徒との接し方の工夫の教授を受けた。また、Ａ先生の紹介により、ユング派の精神分析家であるＣ先生の研究所を訪れ、その研究所で『教育分析』を受けていくことになった。学校での職務は、心理アセスメント、臨床心理学的面接、臨床心理学的地域援助、調査研究など、ほとんどが心理臨床活動になっていった。カウンセラーが24～25歳くらいまでの間は、驚くほどクライエントが好転し、『自分はカウンセラーという仕事に向いているのではないか』と内心己惚れていた。

　しかし、25～26歳くらいから陰りが見えてきた。20歳まで生きられるか分からない病気を抱えて自暴自棄になっていたクライエントや、知的発達障害もあった重度の自閉症の女の子とその母親の面接が、一向に進展しないばかりか、後退しているように感じ始めたからである。人間の生死、重度の障害を負いながら生きていくこと、そのような人間にとって根源的問題について何も考えていなかった自分を振り返ることもせず、表面的な成功体験から自我肥大を起こし、自分はカウンセラーに向いているなどと己惚れていた自分を大きく反省し、さらに過剰に反省しすぎてカウンセラーを辞めようかとまで思っていた。

　この後、カウンセラーは27～28歳頃の対人恐怖、27歳の時の過敏性腸症候群などの症状に悩まされ、自ら患者体験・クライエント体験を余儀なくされた。これらの体験はカウンセラーの中の患者元型（イメージ）の意識化につながった。そして、そのカウンセラーの一人の人間としての影の部分の自覚が、さらにクライエントとのかかわりを通して、卑小な自分・弱い自分であっても、そのありのままを認め受け容れていくことが、逆説的に強い自分、つまりは生きる勇気への気づき（アウェアネス）につながることが分かった。

また、自らの体験からも問題解決や症状除去は、そのアウェアネスの過程から生じることを実感した。

　この間、放送大学で学びながら、昼間は実際の面接とA先生のスーパービジョン、夜は教育分析やカウンセリング研修会、放送大学の面接授業に通った。カウンセリング研修会では、それまで疎遠であった行動療法的カウンセリング、人間学的カウンセリングの理論と技法について学ぶことができた。特に前者は、発達障害児の心理臨床を行う上で大きな参考となった。後者は、特に来談者中心療法の『クライエントへの無条件の肯定的配慮』という考えに惹かれたが、それ以上に提唱者のC.R.ロジャーズその人の生き方に共鳴を覚えた。この後、33歳で大学院修士課程（教育学専攻）に入学、間主観カウンセリングの提唱者伊藤隆二教授に教えを享ける。自分が行ってきた心理臨床の実践が伊藤先生の考えに近いものだと知った。なお、この同時期（修士課程入学時・33歳）、職場もある地域の教育研究所に移った。

　教育研究所での教育相談員（心理）の仕事（この後3年間）はまさに心理臨床という感じがしたが、障害児の就学相談などの仕事での矛盾も感じ始めていた。クライエントとかかわりながら、自分としてありのままに自分なりに生きていくことに気づき始めていたからである。

　そして、35歳でカウンセラーはある地方の大学の教員となり赴任した。そして現在に至っている。この間、カウンセラーは、心理学やカウンセリング、臨床心理学を学生に教えながら、学内の学生相談委員を務め、学外では成人対象の職員相談、地域におけるスクール・カウンセラー事業のお手伝いなどもさせていただいている。どうにかカウンセラーとしての職務を果たしていこうと考えているが、家庭生活とも相俟って一進一退を繰り返している状態である。しかし、顔だけは俯かず前を向いていられるのは、それは言うまでもなく、これまで出会ってきたクライエントの人たちのお陰である〉。

　以上のCoの自己開示をB子さんはただ黙って聴いてくれた。

第9回（X年7月上旬）・第10回（X年7月中旬）

　B子さんはさらに両親と話し合い、実家から大学に通うことにする。この後の面接は再受験に向けての情報提供とアドバイスが主だったところになったが、それを通じてのB子さんの精神的成長は目覚しく、不安はあるものの、今の大学は前期（7月）までで退学し、夏から予備校に通い、再受験に備えるということを両親の了承を得ながら自己決定した。そして7月中旬の最後の面接（第10回）では、B子さんと共に今までの面接過程を振り返り、B子さん自身が、この間の「悩みの時」を「自分にとって必要な思索の時」であったと意味づけることができた。そして、面接を終了することに二人で決めた。

4．考　察

　筆者は、キャリア・ガイダンスを含む「カウンセリング」の特長について、次のような見解を持っている。それは、すなわち、カウンセリングとは、クライエントが、自分という存在に気づき（自己覚醒）、それを受け容れ（自己受容）、自分としてどう生きるかを選択し（自己決定）、その生き方に自分自身のあり方、生きる意味を見いだし、自分の人生をより創造的に生きていく（自己実現）ことを援助するプロセスであるというものである。以下、この視点から、本事例を考察する。

　自己覚醒（self-awareness）とは、自分という存在に目覚めて、どう生きるかを自覚する作用である。B子さんの場合、この自己覚醒の契機となったのが、大学への不本意入学であった。人は人生の途上にあって、壁にぶつかって初めて、立ち止まって、自分の「今まで」と「これから」について考える。それは性別や年齢を問わない。

　B子さんの場合、第一志望は大学理系学部だったのに、両親の「女の子なので浪人させたくない」などの意見を受け入れ、不本意ながら文系学部に入

学した。ここには「自分というもの」がない。敢えて言うならば「自分がないという自分」があった。それは自分という存在に目覚めていなかったからだが、Coとの面接過程を通じて、B子さんは自己に目覚めていった。

　一方、自己受容（self-acceptance）とは、文字通り、自分のありのままを受け容れることである。B子さんは当初、自己受容の状態にはなかった。この自己受容のためには、まず自分自身を振り返ることが必要だが、具体的には、他者とのかかわりの中で自分を再発見するというプロセスが必要であろう。

　B子さんにとっての一番身近な他者とは、言うまでもなく、両親、特に母親であろう。B子さんの発言にもあるように、B子さんの母親はB子さんの話を聴いてくれる優しい母親である。しかし、ひとたび進路決定などのことになると、「〜すべきだ」が口癖の父親を全面的に支持してしまう、ある意味、弱い母親でもある。

　B子さんの両親は共働きで、B子さんはいわゆる「鍵っ子」であった。それゆえ、両親からは、「ほって置かれ」たという意識がB子さんには強かった。5歳上の兄も模範にはならず、両親に、どのように自己主張していくかもわからず、心理的に彷徨した状態のB子さんの思春期であった。

　それが面接の第5回を過ぎる頃より、B子さんに変化が現れる。曲がりなりにも、両親と話し、自分の気持ちを伝えようとしている。また、Coからの問いに「自分は福祉機器の開発の勉強がしたい」とはっきりと表明できている。しかし、それまでかなりの心身のエネルギーを消費していたB子さんは、第6回で「身も心も腐っていきそう」と悲鳴を上げる。Coは実家での休養を勧める。

　そして第7回では実家に戻り、両親とよく話しあったことが語られた。それは、感情的行き違いがあった今までのことを和解したこと、これから大学を再受験する希望があることを両親が認めてくれたことなどである。さらに第8回ではB子さんに求められてCoのこれまでの人生について自己開示（self-disclosure）した。この自己開示は、B子さんに求められたからである

が、Co側の密かな願いとして、この自己開示により、B子さんが〈自身のことを振り返ってほしい〉〈自分の生き方の参考にしてほしい〉ということがあった。

　上記のことに、直接言葉にしてB子さんが答えてくれることはなかったが、その後の行動によって十分に表明してくれた。つまり、B子さんにとっての重要な他者である両親を受け容れることは、同時に、自己を受け容れることにつながり、その後どうしていくかという方向性もB子さんに見えてきた。自分のありのままを両親に受け容れられたことが、大きな勇気となり、B子さんの自己受容が進み、両親と話し合いながら、一歩一歩、再受験の方向で動いていったB子さんであった。このように、ただ自分勝手に自分の人生を決めていくのが自己決定（self-determination）ではなく、周りの重要な他者とのかかわりを大事にしながら、さらに自分で自分の方向性を決めていくのが自己決定なのである。

　それではなぜ、この自己決定がB子さんには阻まれていたのだろうか。それは、次のような理由からだろう。B子さんは、進路決定の重要な時期である高校3年生の3学期の時期に父母の支えや自らの耐性が不十分で、心理的不安定となり、不登校になった。卒業式のパニック状態も、この延長線上にある。端的に言えば、「心の支え」がB子さんにはなかったのである。そこには「自分がする」という意識が薄れ、「させられている」という感情が前面に押し出されていた。また、大学入学後は「高校時代の友人たちは、皆、自分の志望校に合格しており、自分だけが不本意な学生生活を送っている」という状態のB子さんであったからであろう。

　このように「自分だけが取り残されている」「自分は自己決定できず、させられている」という意識があったB子さんは、到底、自己実現（self-realization）のプロセスを歩んでいるとは言えなかった。しかし、Coとの面接を契機として、自分なりに、自分として、自分の人生を、周りの人とかかわりながら、自分で創造していくことにB子さんは目覚めていった。つまり、B子さんは自己実現のプロセスへと参入していったのである。

5．おわりに ―まとめに代えて―

　本章では、不本意入学した女子学生（B子さん）の事例を提示し、その学生相談過程を具^{つぶさ}に検討していくことを通して、学生相談における「不本意入学」学生への支援の方法について考察した。その結果、有効な援助となるためには次のことが重要であることがわかった。①クライエントが自分という存在に気づくこと（自己覚醒）、②クライエントが自身を受け容れること（自己受容）、③クライエントが自分としてどう生きるかを選択すること（自己決定）、④クライエントが、その生き方に自分自身のあり方、生きる意味を見いだし、自分の人生をより創造的に生きていくこと（自己実現）、である。そしてカウンセラーは以上の①〜④のことにクライエントが志向できるように、場合によってはカウンセラー自らの〈自己開示〉を含めた援助をする必要がある。

【文献】

松原達哉（1999）「不本意就学」恩田彰・伊藤隆二（編）『臨床心理学辞典』八千代出版、pp.451-452。

佐々木正宏（2002）「ケース1　不本意入学とその背後にあったもの」鈴木乙史・佐々木正宏・吉村順子（編）『女子大生がカウンセリングを求めるとき――こころのキャンパスガイド』ミネルヴァ書房、pp.177-190。

鳥山平三（2006）「不本意入学」鳥山平三『キャンパスのカウンセリング――相談事例から見た現代の青年期心性と壮年期心性』風間書房、pp.18-38。

事例3

パニック障害の男子学生への療学援助
―学生生活サイクルの視点から―

1．はじめに ―問題の所在―

　本章の初めに、本章に関わる3つの術語、すなわち、①「パニック障害（panic disorder）」、②「療学援助（support of curative education）」、③「学生生活サイクル（student life cycle）」について、その意味を確認しておきたい。

　①「パニック障害」は、越野（2003）によれば、「不安障害（anxiety disorders）」の下位分類の一つで、繰り返し襲ってくる「パニック発作（panic attack）」と、発作が反復するために生活が大きく障害されることを特徴とする。パニック発作は、突然に強い不安・恐怖・脅威が始まり、破滅が目前に迫ってきている感じを伴うエピソード的な出来事であるが、発作自体の持続時間は数分であることが多い。

　また、パニック発作の症状は「身体症状」と「認知面の症状」の2つがある。

　身体症状としては、動悸・心悸亢進・心拍数の増加・胸痛や胸部不快感などの「心循環器系症状」、息切れ感・息苦しさ・窒息感などの「呼吸器系症状」、吐き気・腹部の不快感といった「消化器系症状」、めまい感・ふらつく感じ・頭が軽くなる感じ・気が遠くなる感じなどの「中枢神経系症状」、発汗・身震い、または震えの「自律神経刺激症状」、そして「全身的な症状」

としての異常感覚（感覚麻痺やうずき感）、冷感や熱感がある。

　認知面の症状としては、現実感消失（現実でない感じ）、離人症状（自分自身から離れている）や死ぬことに対する恐怖、コントロールを失うことや気が狂うことに対する恐怖がある。

　さらに上のようなパニック発作が反復することに関連して生じる症状としては「予期不安」「心気状態」「広場恐怖」「うつ状態」がある。

　②「療学援助」は、下山・峰松・保坂・松原・林・齋藤（1996）によれば、学生相談活動のうちの援助活動の一つで、「主に精神疾患や身体疾患のため医療のケアーが継続的に必要な者が学業と療養を両立させながら生活できるよう、ソーシャルワークやデイケアーを含めた生活全般にわたる生活臨床的援助を行なう」（p.59）ことである。

　③「学生生活サイクル」の視点とは、鶴田（2001）によれば、大学生の学年ごとの心理的課題を明らかにし、学年が上がるにつれて、それらが変化することに注目して、大学生をプロセスにおいて理解する視点である。その特徴は、学生が大学に入学してから卒業（修了）するまでの期間を「学生期」と呼び、その時間や学年に注目することである。具体的には、学生期は、入学期［入学後1年］⇒ 中間期［一般的には2年生と3年生、留年期間を含む］⇒ 卒業期［卒業前1年間］（⇒大学院学生期）に分けられるが、学生が学生期の下位時期を移行し、さまざまな課題に直面し、それらを克服したり、克服しなかったりすることを繰り返しながら成長していく連続的な過程が注目されているのである。

　以下、本章では、「パニック障害」の男子学生との学生相談事例を提示し、その援助過程の検討を通じて、学生相談における「療学援助」の意味と、それと密接に関連する、学生相談への「学生生活サイクル」という視点の導入に関する考察を行いたい。

２．事例の概要

クライエント：C君、４年制総合大学・理系学部１年生、男性、21歳。

主　　　訴：不本意入学。運転や授業の最中、突然吐き気を催し、パニック
に陥る。

家族構成：父、48歳、会社員。母、46歳、専業主婦。C君。以上、３人家
族。

生活歴（来談経緯を含む）：C君は、地方のある地域にて出生。中学卒業
まで、小さい頃からの顔見知りの小集団の中で目立った問題もなく心身とも
に元気に育つ。高校に進学して初めて、その地域から出る。通学に電車で１
時間半かかる環境変化になかなか慣れなかった。高１の秋頃、電車に乗って
いて気持ちが悪くなったことがあった。けれども「次の駅で降りよう。次の
駅で降りよう」と考えれば考えるほど、体が動かなくなった。結局、いつも
降りる駅まで我慢して駅のベンチでうずくまってしまった。この経験からC
君は電車に乗るのが怖くなってしまい、次第に家からも出られなくなり、不
登校状態になった。どうにか高校に通おうと努力するが、結局、留年を２回
繰り返した後、高校を中途退学した。
　その後、自宅で通信教育の大検（正式名：大学入学資格検定）の勉強を始
め、20歳までに７科目すべてに合格し、大学受験資格を得た。その頃には外
に出ること自体は何も問題なくなっていた。そして、地元の大学の文系学部
を志望するが、不合格だった。しかし、滑り止めに受けた同じ大学の理系学
部に合格していたので、両親の勧めもあり、不本意ながら、そこに入学した。
入学後は教養関係の授業は別として、理系の専門科目についていけず悩んで
いたが、そのような時に、運転中や授業中に吐き気を催すパニック発作にた

びたび襲われ、「自分は本当にやっていけるのだろうか」と考え、わらにも
すがる気持ちで学生相談室のドアを叩いたという。

3．面接の経過

　クライエントであるC君と大学カウンセラー（以下、Coと略）である筆者
との面接は、学生相談室において主として週1回1時間のペースで、X年11
月〜X＋4年3月まで約3年5か月にわたって73回続けられた。ここでは、
「学生生活サイクル」の視点から、面接経過をC君の入学1年目［入学期〜
1］、2年目［入学期〜2］、3年目［中間期］、4年目［卒業期］の4期に
分けて記述する。なお、C君の言葉は「　」、Coの言葉は〈　〉で表す。ま
た、＃は面接の回数である。

第1期：入学期〜1 —不本意入学とパニック発作—
（＃1〜＃7、X年11月〜X＋1年1月）

　［＃1］　初回面接。C君は、表情こそ明るかったが、話を始める前から、
その身体と心の緊張が、Coに伝わってくる。また、当初は、話したいこと
がたくさんあって、要領よく整理して話せない感じだった。しかし、暫くす
ると、落ち着いてきて、先述した「生活歴」の内容を少しずつ話す。面接の
終わりには、いくぶん緊張がとれて、すこしリラックスしてきたようにCo
は感じた。Coは、これ以降、第1期では、C君が自発的に語るのを内面で反
芻しながら黙って傾聴していった。

　［＃2］　C君は、高校時代の不登校について語り始める。その直接の
きっかけは電車の中で気分が悪くなったことだったが、その素地には深夜3
時まで勉強し早朝6時に起床して学校に通うといった無茶な生活パターンが
あった。それに加えて、担任だった先生がいわゆる「熱血教師」で、欠席が
続くと家にまで押しかけてきて、「明日からは這ってでも来い」と捨て台詞

を残して帰っていくようなことがあり、それも登校への大きなプレッシャーになった。Coは思わず〈まったくマンガみたいな先生だな〉と言う。その言葉にC君はプッとふきだして、面接の場で初めて大笑いする。C君の発言がさらに続く。C君は、上のようなことから次第に追い詰められた気分になり、気がつけば完全に学校に行けなくなったばかりか、家からも外に出られなくなり、「引きこもり」の状態になった。家では電話の音にもビクビクしているような毎日が続いた。

［＃3］　C君の話「風邪をひきやすくなったことなどもあり、全般的に体調が悪いが、授業中にはパニック発作は起こっていない。しかし、その一方で、車の運転の際は、いつも予期不安に怯え、実際に具合の悪くなる時もある。今から考えると、前期は、あまりにも、『きっちりやらなければ』と思いすぎていた。遅刻や早退などにも過度に敏感だった。そのため、授業中にパニック発作が起こっていたのかもしれない。また、現在の所属学部へは不本意入学であり、できれば来年度から文系学部の方に移りたいと考えている」。Coは相槌を打って傾聴しながら、心の中で〈予期不安に怯えながらも、どうにか学生生活をがんばっていこうとしているC君の姿は立派だ〉と思う。

［＃4〜＃5］　C君自ら教務課へ行き、転学部について聞いてきた。それによれば、転学部の条件として、今所属している理系学部での単位を必要十分に取得していることが、まず大事であることがわかった。C君は、前期もかなり単位を取っており、後期も、このままでいけば、前期と同じくらいの単位を取れるだろうと語る。〈それなら、今の学部を続けたら〉とCoが言うと、C君は少し悲しげな表情になり、「理系の専門科目がどうしても理解できない。今は1年生で教養中心の授業だが、2年生以降は格段と専門科目が増えてくるので」と答えた。

さらに詳しい話をC君から聴いたり、教務課にCoも問い合わせてみてわかったのは、C君が所属している学部が、特に専門科目の学習面で理系の基礎（数学・物理・化学・生物など）ができていない人にとって、本人の努力だけではいかんともしがたい面があり、C君が主張していることが、あなが

ち的外れではないということだった。この間、「体調自体は良くなかったが、もしかしたら転学部できるのではという希望が見えてきたので、全般的な気分は悪くない」とC君は語った。Coは内心〈希望はもちろん大事だが、C君には、先に希望があるから今の状態を我慢するといったことより、未来に向かっているうちに自然と何気なく症状が緩和されていけばよいのに〉と考えていた。

　[#6〜#7]　C君は、年末年始に風邪をひいて、最悪の体調だった。しかし、その一方で、パニック発作からは解放されていた。また、年が明けて転学部の申請方法について、何度も何度も、教務課に聞きに行った。教務課の職員に「こんなに何回も同じことを聞きに来る学生も珍しい」とあきれられながらも、「僕としては確実にチャンスをものにしたいだけ」とC君は語る。Coは〈それでいいと思う〉と少し支持する。

　この後、3月下旬にC君よりCoの元に電話があり、文系学部への転学部に成功したということだった。

　なお、第1期を通じて、Coは何回かC君に病院への受診を勧めたが、高校の不登校の時に受診した総合病院の精神科で、担当医の「気を強くもって」などの精神主義的アドバイスにより、かえって具合が悪くなった経験から、「自分でどうにかできるところまではしたい」と言っていた。それは翌年度の夏休み前まで続いた。

第2期：入学期〜2 ―転学部・転居したが体調好転せず―
（#8〜#31、X＋1年4月〜X＋2年2月）

　[#8〜#9]　C君は2年生になり、希望の文系学部に転学部できたが、この文系学部は実家からさらに遠くなるので、もとより運転中のパニック発作の不安もあり、大学近くに下宿することになった。C君は「新しい学部なので不安もあるが、それよりも希望の方が勝っている」と語った。その言葉どおり、現実行動として、C君は自分が履修する科目を担当する教員のほとんどに会い、自分のパニック発作について説明し了承を受けている。教員の

中には「自分も同じ傾向を持っているので、君も身体をいたわるように」と言ってくれた人もいて、本人も励まされたようだった。なお、この時期から大学近くに下宿を始めたことにより、この後、卒業まで、ウィーク・デイは大学周辺で過ごし、週末には実家に帰るパターンが続いた。Coは第１期と同様に傾聴を基本に置きながら、少しずつC君に自分の正直な気持ちや意見を伝えるようにしていった。

　[＃10〜＃12]　　C君の話。「なかなか親しい友人ができない。学年の中で既に仲良しグループができていて、自分は、どのグループにも入り込めない感じだ。ただ、高校時代の友人が他学部におり、その人と会う時は安心できるが、その他の時は孤独だ」（＃10）。「一人暮らしを始めて、よりいっそう、人としゃべる量が減った。また、授業中、突然発作が起き、気持ちが悪くなることが増えてきた」（＃11）。「たいていの先生には事情を話してあるので、教室を出て行こうと思えば出て行けるのだが、どうしても出ていく踏ん切りがつかない。出て行くと『周りの学生に変な目で見られはしまいか』と考えてしまい、結局、授業が終わるまで必死に我慢してしまう」（＃12）。このような話を聴きながらCoは自分も気持ちが悪くなるような感じだった。この３回の面接では、今までの面接で初めてCoはC君の内面に少し入って、その体験世界を追体験できたような気がした。

　[＃13]　　C君は、昨年度（１年生の時）、気持ち悪くなるのを前もって予防するために胃腸薬をいつも飲んでいたが、今年度になって、「いつまでも薬に頼ってはいられない。気持ちで負けてどうする」と考え、薬を飲まなくなった。実際、だんだん授業中は我慢できるようになってきた。しかし、授業中、パニック発作が起こるのを抑えることができないこともある。

　[＃14〜＃15]　　C君は、ある授業で「自己管理ができない人は社会人になれない」と言われ、「自分もそうなのかな」と思ってしまう。そのように考えていると、授業中、気持ちが悪くなる回数が再び増えてきた。ただ、薬に頼りたくないので、ガムをかんだり、水を飲んだりして、発作を抑えている。これが意外に効果があるとC君は語る。

　　[＃16]　　C君は、自分でも無理しないで教室を出て行けばよいと思うのに、授業中に体調が悪くなっても外に出て行けないことが続く。特に英語の授業などで他の人とペアで会話練習をしなくてはいけない時に、体調が悪くなることがある。

　　[＃17]　　C君の体調が悪くなるのが、授業中だけでなく、だんだんと授業以外の時にも起こるようになった。C君は「自分自身、情けない。気合いが足りないんだ。社会に出たら通用しないぞ」と自分を責める。

　　[＃18]　　C君は、風邪のため、1週間まるまる大学を欠席した。風邪と一口に言ってしまうが、風邪だけなのか、パニック障害もあって具合が全般に悪いのかC君にはわからなくなった。また、「自分に自信がもてない」。そう考えていると、「他大学にまた移籍したい」というイメージがC君の頭に浮かぶ。あと1か月程度で前期が終わるのに、車で例えると「ガス欠状態」。C君は「ガソリン切れなのに、無理に車を動かしている感じ」と言う。

　　[＃19～＃22]　　C君は、テストが近づいているのに、前に引き続き体調が最悪である。また、授業中、パニック発作（主には吐き気）が頻繁に起こり、自信喪失状態にあった。テスト期間が始まると、テストを40分で出てきたり、不安な気持ちで落ち着いて学業に専念できなかった。C君が「転学部して本当に良かったのか。こんなに体調が悪いのであれば、もう限界だ」と再三訴えるので、Coは知り合いの心療内科医を紹介する。そしてC君は、授業がない日に病院へバイクで向かうが、途中大雨になり、引き返してくる（＃22）。Co〈雨の中をがんばって病院に向かうとはC君らしい〉。C君（照れ笑いをしながら）「ついついがんばっちゃうんですよね。でも結果はついてこない」。この後は、どうにか市販の胃腸薬で乗り切り、しばらくあいて、夏休みの終わり（9月下旬）にCoが紹介した心療内科を受診する。

　　[＃23～＃28]　　夏休み明け初回（＃23）。夏休み中の話となる。C君は、8月中は、実家で過ごし、身体の調子が悪く、ほとんど外にも出なかった。そして9月下旬にCoから紹介された心療内科に行った。そこの医師によれば「パニック障害」とのこと。医師のアドバイスにより、全般的な調子の底

上げを目指して投薬も受け、その後、2週間に1回のペースで通院を続ける
ことになる（以下、この医師とCoは、C君の了承を取った上で、互いに連絡
を取り合いながら支援を進めていった）。C君は「病院に行って、すぐに
華々しく気分が良くなったわけではないが、大きく落ち込んだり、突然発作
が起きることはなくなった」と語る。しかし、パニック発作がおさまったら、
今度は頻尿になった。ゼミで発表する時が心配だと語る（#24）。Co〈僕も
尿路結石の時、そうなった。あれは辛い〉。C君「そういう事情を皆に話し
てわかってもらえばいいと頭では考えるのだが、実行できない」。この後、
通院している心療内科で相談するが、頻尿は処方された薬の副作用ではない
という。別の病院で調べてもらうが、「身体的な異常なし」と結果が出た
（#25）。この間、心療内科で処方されている薬の効果で大きく崩れることは
なくなったが、やはり、授業中、急に調子が悪くなることがあるとC君は語
る（#28）。

　[#29〜#31]　C君は、1時間おきに目がさめてしまい、よく眠れない
日が続いているが、どうにか学校には行っているという。夜、眠れないのは、
父親が会社をリストラされそうになっていて「もしそうなったら、下宿生活
をやめて、家から車で大学に通ってもらえないか」と言われたからである
（#29）。もし不幸にもそうなってしまった場合を考えて、CoはC君と奨学金
や学内援助金などの申請方法を調べておいた。そのことに加えて、C君は
「来年度は実習で外の施設に通わなければならないのが不安だ。実習先で具
合が悪くなったらどうしようかと真剣に考えてしまう」と語った（#31）。

　なお、第2期を通して、C君のパニック発作や全般的な体調不良は、常に
ある「予期不安」に日常の病気（例：風邪）が加わると起こっているパター
ンが見て取れた。しかし、Coは、そのことはC君には直接表明せず、心の中
にしっかり持っておきながら、現実課題（例：日常生活、学生生活、授業、
単位取得など）に焦点を当てた面接を行っていった。それは第3期にも引き
継がれた。

第3期：中間期 ―将来の目標を見失う―
（#32～#50、X＋2年4月～X＋3年1月）

[#32]　　C君は3年生となった。昨年度後期、必ず合格しなければならない必修科目を落としたため、ある資格試験を受けるコースを受講できなくなった。C君は「そのコースに入ることを目標に1年間がんばってきたのに本当に残念」と語る。また、あきらめきれずC君は何回か担当教員のところに交渉に行ったが、取り合ってもらえなかった。単位の問題は基本的には本人が処理すべきことと思っていたので、それまであまりCoは口を出していなかったが、この話を聞き、C君に「僕の方から担当の先生に聞いてみようか？」と言ってみた。それに対してC君は（真剣な表情で）「先生の気持ちはありがたいが、自分でどうにかする」ときっぱり答えた。

[#33]　　C君の話。「何もかもやめてしまいたい気持ちになった。目標を失った今、『この前期で退学しようか』という考えも頭に浮かぶ。所属学部の授業だけでなく、何事にもやる気が起こらない。また、授業で他人と接するのがおっくうでしょうがない。さらに、体調が悪くなる不安が大きい。週末で家に帰っている時は、カラ元気を出しているので、親は安心しているようだが、本当はかなり落ち込んでいる」。Co〈人生と山登りを一緒にしちゃいけないけど、岩登りをしていて前にも後ろにもいけない時に、ふと『カラ元気も元気のうち』という言葉が聞こえてきて、それで乗りきれたことがあった。あんまり参考にはならないけど〉。C君（あきれた表情ながら明るく）「本当に参考になりませんね。先生の話は。でもそこが好きなんです」。

[#34]　　C君は、学校に行くこと自体が苦痛になっている。また、6月に行われる日帰りの施設見学にも不安がある。

[#35]　　C君は「やる気がさらに低下しているが、両親ともに全面的に僕を信用していて、週末実家に帰っても、大学のことを何も聞かない。それがかえって辛い。今の自分の状態は、ただやる気が出ないだけなのか、うつなのか、わからない」と語る。

[#36]　　C君は、主治医に相談した。その結果、「とにかく卒業を目標に

がんばるように」と言われた。

　［#37］　演習の授業の時、C君は同じグループの一人の男子学生に、自分のぎこちなさを真似され、からかわれた。そのことでかなり落ち込んだ。Co〈3年生にもなって、そんな学生がいるんだ。ちょっと信じられない〉。C君「先生もそう思いますか。少し安心できました。自分が変だからこんな目に遭うんじゃないかと思い始めていました」。

　［#38］　C君は、日帰りの施設見学に無事行けた。どうにかパニック発作も起こさず乗り切れた。C君は「他人には小さなことと思われるだろうが、僕としては大きな自信と希望になった」と語る。Co〈それは本当によかった。一歩一歩だね〉。C君（明るい表情で）「そうですね」。

　［#39］　C君は、大学を辞めようと思う気持ちはなくなったという。

　［#40］　夏休み中に行われる4週間の実習先が決まった。実家から車で5分のところで、「これなら何とかやれそうだ」とC君は言う。

　［#41］　C君「最近、薬が効いていない感じがあり、辛い。内心、授業をサボりたいのだが、どうにかがんばるしかない」。

　［#42］　C君、さらに体調悪化。休日でも、突然に頭がガンガン痛くなったり、吐き気があったりする。一日の中では、朝が一番調子が悪く、昼から午後にかけて少しずつ良くなっていく。したがって、「朝一番の授業が特にきつい」という。

　［#43］　C君「父は、どうにか、リストラされずに会社に残れることになった。でも、車で片道3時間のところに出向させられている。自分のこと以上に父の身体が心配だ」。

　［#44］　夏休み前の最後の面接。先日、夏休みに行われる実習の説明会があったが、その後、C君は体調を壊し、1週間ほど大学を休んでしまった。C君「ただ、受けるべき試験はすべて受けた後だったので実害は少ないと思う。それはいいのだが、週末に実家に帰っても、夏休みの実習のことを考えてしまい、ゆっくり過ごせない感じがある」。

　［#45］　夏休み明け初回面接。休み中に行われた4週間の実習の話にな

る。C君「ぜんぜん問題もなく、4週間を充実して過ごせた。体調が悪くなることもなく、実習先の職員の人たちにもかわいがってもらった。また何より入所者の人々が自分が来るのを楽しみにしてくれていたのは本当に嬉しかった。生まれて初めて、人に頼りにされた。生きていてよかったと思った」。

[#46] 夏休みの実習の成功体験に伴い、C君は体調が嘘のように良くなった。C君は「自分なりに努力すれば、報われることがわかったので、どうにかがんばっていけそうだ。また、実習を通して大学に何人かの親しい友人ができたので、大学に来てもいつも孤独ということはなくなった」と語る。

[#47] 体調は全般に良くなったが、再びパニックが起きるのではないかという予期不安から不眠となる。

[#48〜#50] 最初は、不眠と闘っていたC君だったが、主治医の「不眠とは闘わなくていい。折り合いをつけなさい」というアドバイスを素直に受け容れ、徐々に眠れるようになっていった。Coは〈C君は自分なりに自分の心と身体に折り合いをつけていっている〉と心の中で思った。

第4期：卒業期 ―新たな希望の芽生え―
（#51〜#73、X＋3年4月〜X＋4年3月）

[#51] C君は4年生となり、卒業期に入った。C君は「3年生の末までに卒業研究着手条件を満たしていたので、自分のペースで1年間過ごせる」と明るい表情で語った。

[#52] 卒業研究のテーマについて、C君は指導教員と意見が衝突したが、根気よく説得してわかってもらった。

[#53] C君によれば、「どんどん卒論の執筆を進めている」ということであった。（なお、しばらく間を置いて、[#68]から最終回[#73]までの6回の面接は、C君が卒業研究や就職活動で忙しいため、Coは本人と話し合い、月1回の面接とした。）[#54]からは卒業論文と就職活動の話に終始する。それが最終回まで続く。この間、C君は、卒論はきちんと期限内に完成させ、発表会のプレゼンテーションも立派に行った。パニック発作は4年次

には皆無になり、中途からC君は主治医と話し合い、半年間かけて服薬を段階的に減らしていき、最終的には断薬した。就職の方は、卒業式直前まで決まらなかったが、あきらめずに就職の面接を受け続け、ある施設に就職が決まった。

　また、最終回［#73］の面接では、C君は「体調不良やパニック発作に悩まされながらでしたが、いろいろな人の支援によって、どうにか卒業まで漕ぎ着けた。この体験を通じて、他人の痛みが本当にわかる人間になれたような気がする。今後も困難なことがあるかと思うが、自分なりにがんばっていきます」と語った。CoもC君に初めて〈がんばって。僕もがんばるから〉という直接的な励ましの言葉をかけた。それに対してC君は「もう既に今まで先生には励まし続けていただきました。『がんばれよ』と直接言われたことは今日が初めてですが、長い間にわたって僕と付き合ってくださったことが最大の励ましでした。ありがとうございました。また人から励まされる時、『僕もがんばるから』と言う人は初めてです。先生らしいと思いました」と答えた。そして、Coは〈クライエントの潜在化された力を信頼することの意味〉を再認識させてくれたC君に対して心の中で感謝していた。

　就職後、電話で近況報告をたびたび受けた。あわせて就職先のことで相談もあった。それは、職場の待遇や福利厚生面の不安などであったが、具体的に一つずつC君にアドバイスを与え、C君が素直に実行してくれることで、着実に改善の方向に向かった。そして、C君は継続して、この同じ施設で働いている。このようにC君の4年生から社会人までの成長には目覚しいものがあった。そして、後にはCoの方がC君に、在学生の生活支援や学習支援さらには就職支援について、アドバイスを求めるといったことも増えていった。このことは、その後のCoの学生相談に生かされ、困難なケースを乗り越えるヒントとなったこともあった。

4. 考　察

　以上のC君への援助過程を踏まえて、ここでは学生相談における「療学援助」の意味と、それと密接に関連する、学生相談への「学生生活サイクル」という視点の導入に関する考察を行いたい。

（1）「療学援助」の視点から

　峰松（1996）によれば、療学援助による心理支援の特長と方法について、「治すという概念の放棄」「学内準拠集団をつくる」「面接の場ではボーッとした話題を楽しむ」「就学予測と悩みの迂回の談合」「指導教官などの大学関係者や家族の支援」が挙げられている。これらの点を参照しながら、C君との面接過程を振り返り、療学援助という点から考察を試みる。

　「治すか治るか」の問題は、学生相談のアイデンティティにかかわることである。筆者は、相談者である学生自らが自分の力を主として「治る」あるいは「成長していく」のを支援するという立場に立って学生相談活動を行っている。また、その過程で、「症状の緩和・消失」や「問題解決の方向付け」がなされたとしても、それはあくまでも、クライエントの内在化された自己成長力や自然治癒力が賦活されたことによって、結果的にそうなったと考えるのである。

　また、「面接の枠・面接の場の設定」に関しては緩やかながらも行っている。それはC君とのケースで言えば、同じ曜日の同じ時間に来談するということは、それがC君の生活上のリズムとなり、そして、C君の状態が悪い時は悪い時なりにCoはかかわり（特に第2期・第3期）、C君の状態が良い時には良い時なりにCoはかかわる（特に第4期）といったようにCo側の弾力的対応を可能にし、またCo側にも支援に関するリズムをもたらしていたからである。

　この意味で、大まかな「枠」は必要であり、クライエントと面接開始時に

話し合い、時と場所を設定し、また必要が生じれば適宜変更していくという
姿勢が本事例では有効であった。現実には面接の大半を同一曜日・同一時
間・同一場所で行ったが、C君が4年生となり、卒論や就職活動で忙しく
なったX＋3年10月からX＋4年3月までは、月1回の面接ということにC
君と話し合って決めた。峰松（1996）が言う「必要になったと双方が思えば、
その時会い（試験前日などでは毎日でも）、悩まない時にはゆるやかな会い
方」（p.65）をするということを実践してみたのだが、それは本事例におい
て援助促進的に働いている。

　一方、峰松（1996, p.65）が指摘するように、クライエントの症状再燃は
一定の継起で個人ごとに典型的パターンを取るので、その直前の出来事に敏
感になっておくという点も重要である。C君の場合、特に第2期の面接を通
して、彼のパニック発作や全般的な体調不良は、常にある「予期不安」に日
常の病気（例：風邪）が加わると起こっているパターンが見て取れた。この
ような「見立て」をカウンセラー側が行い、しかも、カウンセラーは、その
ことをクライエントには直接表明せず、心の中にしっかり持っておきながら、
現実課題（例：日常生活、学生生活、授業、単位取得など）に焦点を当てた
面接を行っている（岡2007）。それは第3期にも引き継がれ、C君が自らを
快方に向かわせた際の間接的な援助になっている。つまり、療学援助は、峰
松（1996）が言うように、「療養しながら現実の生活とどのように折り合い
をつけていくかの相談」（p.68）なのである。

（2）「学生生活サイクル」の視点から

　それでは次に「学生生活サイクル」の視点からの考察を行いたい。

　C君との面接過程は、「入学期」「中間期」「卒業期」に分けて記述したが、
それぞれの面接期におけるC君の障害と学生生活についての検討を行うこと
により、学生相談への「学生生活サイクル」という視点の導入に関する考察
を行いたい。なお、考察に当たっては、不安障害を抱えたクライエントへの
学生生活サイクルに応じた継続的支援の理論と実際について、「神経症問題

と学生生活サイクル」を論じた内野・兒玉（2001）を参照した。

　〔第1期：入学期～1〕では、大学入学そして自動車通学という急激な環境変化によりC君は不安を深め、潜在化されていたパニック障害の傾向が強まっている。また「不本意入学」という点も将来への不安を強める一因となっており、さらにパニック発作が頻発すればするほど「予期不安」を深めるといった悪循環を繰り返していた。まさに入学以前から抱えていた問題が顕在化したのである。これには、高校時代の挫折体験から不登校、そして高校中退などの体験、また努力して大検に合格し大学受験資格を取ったにもかかわらず、結局自分の希望の学部に合格できなかった体験が強く影響していると考えられた。したがって第1期の後半では本人は転学部を強く希望していった。

　〔第2期：入学期～2〕では、転学部・転居して環境を変えても体調が好転しなかった。また、第2期の前期までは「自分だけでどうにかしよう」としていたC君だったが、それも夏休み前に限界に達し、夏休み後半（9月下旬）に心療内科を受診する。しかし、後期に至ってもC君の体調は回復しなかった。このように第2期は、転学部・転居による「新たな入学期」という側面と、パニック障害の症状が緩和されないで持続する「停滞期」としての側面とがある。

　入学期は、それまでの生活から離れて、新しい生活を展開させていくべき時期である。しかし、C君の場合、入学以前から抱えていた問題によって縛られていたため、第1期の文字通りの「入学期」に引き続き、転学部・転居による第2期の「新たな入学期」においても先に進めず停滞していた。CoはC君に病院受診を勧めると共に、面接では現実課題（例：日常生活、学生生活、授業、単位取得など）に焦点を当てて支援を行っていった。結果は上述の通りだったが、しかし別の角度から見れば、医療と連携しながら、それ以上の症状の悪化・問題の顕在化を食い止めていたとも言えるのではないだろうかと思う。

　〔第3期：中間期〕では、この期の当初、自分が希望する「専門職コース」

に進めないことがわかったC君は将来の目標を失いそうになっていた。しかし、夏休みの4週間の実習を自分なりに乗り越えることができたことにより、C君の中にある潜在的な力が再び賦活され、人とかかわることに喜びを見いだし、「自分なりにやっていこう」という意識が回復している。それにより漠然とした「予期不安」から徐々に解放され、パニック発作も、それ以降おさまっていった。中間期では、紆余曲折はありながらも、C君自身の力を主としながら、C君自ら自分の障害と課題を克服し、自分らしさに気づき、おぼろげながらも先の「希望（hope）」が芽生えている。

　専門職コースに意に反して進めなかったことは、C君に中途退学まで考えさせるといった危機的状況を生み出したが、反面、自ら担当教師と交渉するなど、主体的に学生生活に挑戦することへの入り口にもなった。この後、同級生に自分のぎこちなさをからかわれるといった対人関係面でのトラブルもどうにか乗り越えることができた。また、日帰りの施設見学なども無事参加できるようになっていった。さらには夏休みの学外実習も自分の心身の調子をコントロールしながら参加可能になった。以前では、パニック障害による体調不良や精神面での不安、また勉学面での壁にぶつかると動けなくなってしまっていたC君であったが、第3期を通じて大きく成長し、医師やCoなどの援助者に支えられながら、どうにか心身のストレス状況にも耐え、自分の生活をある程度コントロールできるようになっている。このことが第4期：卒業期の飛躍に繋がっていると考えられる。

　〔第4期：卒業期〕では、C君自ら卒業研究や就職活動に積極的に挑戦していった。Coは、ただ見守る1年であった。そして、最終回、CoはC君とのケースを通じて、「クライエントの潜在化された力を信頼することの意味」を再認識させてもらったことを、内心で感謝していた。C君は入学以前から抱えていた問題に悩ませられながらも、学生生活を通じて、その課題を一つひとつ解決していった。そして、パニック障害というハンディキャップを抱えながらも学生生活をどうにか乗り切った。

　また、途中、危機的状況に何度も陥ったが、その度に自身の力を主にして

58

立ち上がっている。C君にとって、学生時代は、実習先の入所者から逆に癒されるといった体験などに象徴されるように、人のやさしさに触れ、自分という存在に気づき、自分らしさを自覚し、先の人生への希望が芽生え、自分なりに努力しながら生きていくことの大切さを再認識した「人生の転換点」であった。その際、同行者としてかかわったCoにも上記に書いたような大きな収穫があった。

　さらには、卒業後のC君への支援も継続的に行っている。これは当初はCoからC君への一方的なアドバイスが主であったが、C君が職場でのキャリアを積み重ねるにつれ、C君からCoがアドバイスを受けることも増えている。このような役割逆転ないしは役割交替は、C君の「就労へのモチベーションを保つ」（森定2006）ということだけでなく、Coにとっても、その後のCoの学生相談に生かされ、困難なケースを乗り越えるヒントとなったこともあった。

（3）考察のまとめ

　以上の検討から考えられる療学援助の本質は「希望を育てる」ということではないかと思う。希望を育てるためには、白井（2001）が主張するように「時間的展望をもつ」ことが大切であり、それは「連続性の実感」に基づく。その連続性の実感とは、自らの人生をプロセスで捉え、現在・過去・未来の統合をはかることである。

　C君の場合、学外実習において、入所者や職員との温かいかかわりを経験することによって、「人とかかわるのは楽しい」と感じられる本来の自分に目覚め、その後、どう生きるかを、鮮明な形ではないが、自覚したのではないかと思う。このような将来への展望が見えてきたことにより、第3期の後半以降、パニック発作が起こらなくなったばかりか、現在のやるべきことにC君は積極的に参入できるようになっている。また、それが、過去の障害やさまざまなネガティブな出来事も「他人の痛みが本当にわかる人間になるためだった」と、C君自らによって過去の意味づけを修正することにつながっ

ている。

　つまり、C君のケースの場合、未来への展望がもてたことにより、現在が方向付けられ、現在が過去を意味づけ、そして過去が未来をさらに構想していくという「時間的ふくらみ」（白井，2001）が醸成されるプロセスが、療学援助の底流にあったわけである。ここから示唆されることは、学生期は学生期としてだけ独立に存在するのではなく、その人の人生の中で、学生期以前そして学生期以降とも、言うまでもなく連続しているということである。この一見、自明なことが、療学援助を考えていく際に最も重要なことではないかと思われる。その人生の連続性の中に学生期の下位時期（入学期 ⇒ 中間期 ⇒ 卒業期）が包摂され生かされていくことが必要なのである。

5．おわりに ―まとめに代えて―

　以上、「パニック障害」の男子学生との学生相談事例を提示し、その援助過程の検討を通じて、学生相談における「療学援助」の意味と、それと密接に関連する、学生相談への「学生生活サイクル」という視点の導入に関する考察を行った。その結果、わかったことは次の3点にまとめられる。まず、第1に、療学援助は、学生生活サイクルの中で学生が療養しながら、現実の生活と、どのように折り合いをつけていくかの相談であるということである。また、第2に、療学援助の過程にあっては、「治療」という概念は援助の背景に退き、現実課題（例：日常生活、学生生活、授業、単位取得など）に焦点を当てた面接が主流になるということである。さらに、第3に、療学援助の底流には、時間的展望をもつことにより、現在・過去・未来を統合し、「希望を育てる」プロセスがあり、それが援助促進的に働く場合、療学援助に大きな実りをもたらすと言えるということである。

【文献】

越野好文（2003）「パニック障害とは何か――どんな症状か」『こころの科学』107、pp.14-18。

峰松修（1996）「療学援助による心理支援――"治療"でない支援とは」『こころの科学』69、pp.64-69。

森定薫（2006）「パニック障害当事者と就労について――学校教育から社会への移行もふくめて」『福祉研究』（日本福祉大学人間関係研究所）94、pp.1-7。

岡昌之（2007）『心理臨床の創造力――援助的対話の心得と妙味』新曜社。

下山晴彦・峰松修・保坂亨・松原達哉・林昭仁・齋藤憲司（1996）「学生相談における心理臨床モデルの研究――学生相談の活動分類を媒介として」『心理臨床学研究』9（1）、pp.55-69。

白井利明（2001）『〈希望〉の心理学――時間的展望をどうもつか』講談社。

鶴田和美（2001）「学生生活サイクルとは」鶴田和美（編）『学生のための心理相談――大学カウンセラーからのメッセージ』培風館、pp.2-11。

内野悌司・兒玉憲一（2001）「神経症的問題と学生生活」鶴田和美（編）『学生のための心理相談――大学カウンセラーからのメッセージ』培風館、pp.196-206。

事例4

自殺念慮をもつ女子学生への危機介入

1．はじめに ―問題の所在―

　身近な人々と死別し、その喪失体験により、心身の調子を壊し、学生相談室を訪れる学生たちがいる。それが仮に病気や事故や災害によるものであっても、親しい人・愛する人との突然の別れが、その人に与える影響は計り知れない。ましてや、それが自殺であった場合、さらに大きなショックを遺された人々に与える。

　本章では、このテーマを考えていくために、親友の自殺により抑うつ状態になり、自らも自殺念慮を抱くようになった女子学生の事例を提示し、自殺念慮への「危機介入」（crisis intervention）に焦点を当てて考察を試みる。

2．事例の概要

学　　生：D子さん、女子、来所時23歳、文系学部2年生。

相談内容：親友の自殺から立ち直れない。とにかく「死にたい」。

来談経緯：保健室を経由した自主来談。

62

家族構成：父（会社員）・母（専業主婦）・姉（結婚して独立）・D子さん
　　　　　　の4人家族。

本人の生活形態：アパートでの一人暮らし。

初回の本人の印象：身体は小柄で、痩せている。血色が悪そう。幼い顔立
　　　　　　ちで化粧をしていない。言われなければ、中学生くらい
　　　　　　に見える。身なりはさっぱりきちんとしているが、大学
　　　　　　生には見えない。

3．面接の経過

　面接は原則週1回（約50分）とした。初回は11月中旬で、前後期制の大
学なので、来所した時期は、後期の半ばに当たる。途中2週間ほどの冬休み
が入り、全体として約3か月の間に9回の面接を行った。
　以下、D子さんおよびその他の人の言葉を「　」、カウンセラーをCo、Co
の言葉を〈　〉で記す。

第1回（X年11月中旬）
　D子さんは入室するなり、とにかく「死にたい」とだけ言って、沈黙のま
ま涙をぽろぽろと約30分間流し続ける。その後、Co〈お腹は空いていな
い？〉と聞くと、「空いている」と答えたので、パンを買ってきて二人で食
べる。D子さんの食べ方は、ウサギがおちょぼ口でちょっとずつ餌を食べて
いるという感じで、非常にゆっくりとしたペースでいつまでたっても目の前
のパンがなくならなかった。
　D子さんとはかつて面識があった。同じ年の6月に保健室からの呼び出し
で「親友が自殺して、私も死にたい」と訴えている学生がいるので来てほし

いということで、学内の精神保健相談を担当する精神科医と共に保健室に行くとＤ子さんがいたのである。この時は、途中で落ち着いてきたので、精神科医が「次回会うまで自殺はしません」という念書を本人に書かせ、近くに住んでいる姉の家に行かせた。後に報告が保健室からあり、その後、本人は落ち着いて学生生活を送っているということだった。

　Co〈（６月のあの後）どうしたの？〉。Ｄ子さん「保健室で言ったように姉のところ（大学から30分くらい）へ行った。しかし、姉に対してじっくり内面的な話をする気にはなれなかった。親（下宿から２時間くらいのところが実家）には、姉よりもっと話したくない。特に母親が強引な人で、いつも母の思い通りに動かされてきた。自分の意見は常に否定されてきた」。ここまでで面接時間が１時間経過していた。なお、１時間が経過したところで、Coは〈最初の状態を100とすると今はいくつくらい？〉と尋ねると、Ｄ子さんは「60くらい」と上目遣いに答えた。このようなことなどからCoは必要性を感じたので、面接を延長することをＤ子さんと決める。

　１時間を超えたあたりから、Ｄ子さんの血色が徐々に良くなる。表情も伏目がちながら少し明るくなる。担任（Ｄ子さんが通う大学は担任制がある）のＡ先生（男性40歳代）の話になる。Ａ先生には「何でも相談に来い」と言われたので、１年生の時は相談に行っていた。しかし、２年生になり、相談に行くと、いかにも忙しそうで面倒臭そうな対応になった。Ａ先生は特定の気に入った学生だけに近づき、そうでない学生は遠ざけているような感じだった。最初は親切にしてくれていたので、優しい先生と思っていたが、途中で見捨てるなら、最初から無視してもらった方がよかった。特に相談した際に一言で片付けようとする時があり、Ａ先生からはだんだん離れている。この一言で片付けるとは、例えばＡ先生が「君（Ｄ子さん）は人の悪いところばかり見すぎる。良いところだけ見るようにしなくちゃ。それじゃ……」と一方的に語ったことなどである。ここで時間は２時間経過した。まだまだ話し足りないというＤ子さんの表情だったので、面接の１時間が経過したところで尋ねたのと同じ質問をした。Co〈最初の状態を100とすると今はいく

つくらい？〉。D子さん「30くらい」。またD子さんと話し合い、特別にあと
1時間延長した。

　上の話あたりからD子さんに笑顔が見えるようになった。そしてD子さん
がしばしば話をするB先生（女性30代）の話になる。D子さんによれば、B
先生とはお互い芸術関係が好きなこともあり、時々話をするという。D子さ
んは内面のことを話すのは苦手だが、ノートに日記風に自分の気持ちを書い
たり、写真を撮ってみたり、いろいろしている。けれども、まだそれをB先
生に見せるところまではいっていない。初回面接は、危機介入の意味もあり
特別に全部で3時間、D子さんの話を聴いた。なお、3時間が経過したとこ
ろで再びCoが〈最初の状態を100とすると今はいくつくらい？〉と尋ねると、
D子さんは「ほとんどゼロ」と答えたので、この回の面接を終了することに
D子さんと決めた。

第2回（X年11月下旬）

　友人のC子さんに「A先生のことをカウンセラー（筆者）に話した」と
言ったら、「そんなことは話すべきじゃない」とたしなめられた。D子さん
によれば、このC子さんは自分の内面の相談事をどんどんD子さんにしてき
て、はっきり言ってD子さんは負担に感じているという。なお、C子さんは
高校時代、担任に打ち明け話をしたら、職員室中に後で広まっていたという
体験をもつ。また、1年生の時はぜんぜん話をしていなかったのに、2年生
になってから周りの人がD子さんに話しかけてきて相談してくる。D子さん
は内心「私だって大変なのに」と思いつつも、ついつい話を聞いてしまう。
たぶん否定せずに、そのまま相手の話を聞いてしまうからだろうとD子さん
は自己分析していた。

　続いて、第1回目でも話したA先生のことについての話になる。D子さん
によれば、前に話したように1年生の時は親切そうに「何でも相談に来い」
と言われ、ちょくちょく相談していたが、今年の7月（D子さんが「死にた
い」と保健室で訴えた翌月）、一方的に「お前の話はいつも私を不快にさせ

る」と言われ、その後、夏休み明けにA先生に謝りに行って以来、A先生を訪ねていないという。前回に続きA先生の話になり、D子さんはよほどA先生から傷つけられたという意識があるのだろうとCoは思った。第2回目では笑顔で比較的明るくD子さんは語っていた。CoにはD子さんが年齢なりの姿に見えてきた。

第3回（X年11月下旬）

　入室して挨拶の後、D子さんは再びの沈黙で涙も少し見せながら上目遣いにCoの顔を見る。Coが〈何かあったの？〉と尋ねると、D子さんはポツリポツリと次のように語り始めた。10月頃からアルバイトで先輩の人に「あの子働かないね」と悪口を言われているような気がしていた。特に最近、それがひどくなり、そのことが原因でアルバイトの人たちだけでなく大学の友人とも接するのが辛くなり、7月からしていたアルバイトもとうとう昨日やめた。D子さん「人が怖い。自分は孤立している」。アルバイトは自分（D子さん）にとって、夏休み中（8月から9月）は気がまぎれてよかったが、10月に新学期が始まり、アルバイトと大学授業・クラブ（写真部）の両立が難しくなって嫌になった。D子さんが面接の最後に「人間は皆、優しいもの、善きものと思っていた。しかし、違っていた。人は人をいじめるし、弱いものは切り捨てられていく」と苦しそうに言葉を搾り出すように呟いた。それに対してCoは〈そのことも含めてあなたのことを今後も一緒に考えていきたい〉と話すと、D子さんは上目遣いにCoの目を見ながら小さく頷いた。

第4回（X年12月上旬）

　この回もD子さんは、伏目がちで口が重く、時折、ポツリポツリと話す。D子さん「授業に……出るのが……つらい。……息が……苦しくて……胸が……締め付けられるように……なるときが……ある。禁止……されている……からじゃなくて……かといって……辛くても……授業中……教室を……でることもできない。……我慢する……。友だち……先生……人と付き合うの

が……苦痛……。友人と……話すことも……少なくなった。……初めての人は……特に……怖くて……自分から……声を……かけたくない。悩みも……人に話して……負担をかけたくない。(ここだけ妙にはっきりと)先生(Co)は別だけど……。できたら……冬休みが……早く……来て……ほしい。……ただ……単位の……ことがあり……出席……しなければ……ならない」。これに対してCo〈もしからしたらお医者さんの力を借りたい?〉と言うと、D子さんは黙って頷いた。この後、Coと日頃より連携している精神科クリニックのE医師にD子さんをリファーし、D子さんはCoとの面接と並行して通院するようになり、投薬治療も受けるようになった。なお、D子さんのことに関して、この後、CoとE医師は随時情報交換を行い、連携してD子さんの支援に当たるようになった。

第5回(X年12月上旬)

D子さんは前回とうって変わったように、明るい表情で面接室を訪れた。E医師の元を訪れて診察を受けたが、Coとは違うタイプだが、信用できると思ったそうである。D子さんによれば「先生(Co)は主観的、E医師は客観的」で両方いてくれると安心するという。

D子さんは次のように、いつになく澱みなくよくしゃべった。Coは口を挟まず黙って聴いていった。

D子さん「高校卒業後、ある大学に入学するが、過敏性腸症候群になったりして、授業に出られなくなり、入学後数か月で中退した。その翌年、ある専門学校に入るが、この学校が肌に合ったのか、過敏性腸症候群は嘘のように治った。また2年間の課程をスムースに終えることができた。専門学校卒業後、資格を生かして働く道もあったが、再び大学にチャレンジしたくなり、1年の勉強の後、今の大学に入った。希望に燃えて入学したが、次第に過敏性腸症候群が再発したり、授業中、息苦しさに襲われたり、周囲の人に見られているように感じることが続いた。そして2年になった春、親友が自殺をした。その知らせを聞いて真っ先に『彼女じゃなく私が死ぬべきだ』『自分

も死にたい』と思った。子ども時代、姉が父に厳しく躾けられているのを見て強い恐怖を覚えた。今でも父も母も怖い。特に自分の思い通りに私（Ｄ子さん）を動かそうとする母親には何も相談したくない。自分（Ｄ子さん）の意見は常に母によって否定されてきた。私（Ｄ子さん）は疲れた。ゆっくり休みたい。でも、父母から『早く働け！』と言われており、少しでも早く卒業しなければならない。そこで単位を落とせないので、苦しくても授業に出ている。ただ、１年の時のように『全力で学業へ！』といった強迫的なところはない。自分自身に正直な信頼のおける友人も２、３名できた。思い起こせば、１年生の時は、いろいろな学科の先生方のところへ相談に行っていた。信じられないくらいに皆、優しかった。しかし、２年生の後半になった今では、前に言ったＡ先生のこともあり、先生方の所へ相談に行っていない。先生（Ｃｏ）とＥ先生（精神科医）のところだけ。最後に自分の最も根本的な考え方を言います。それは自分にとって、信頼とは、まず自分自身に正直である人との間に築かれるもの。また、自分の人生の究極的な目的は、男性も女性もなく、身分、地位、年齢に関係がなく、信頼できる人と一緒に生きていくことです」。

第6回（X年12月中旬）

顔は上にあげているが辛そうな表情でＤ子さんは次のように語る。「最近特に人の目が気になる。他人のおしゃべりが自分のことを言っているように聞こえる。特に大教室での授業がそうだ。心の中で、そう思うと、身体がこわばる。そうすると、いっそう気になる。人から変に思われているんじゃないかと思う。食欲もなく、昼ごはんなども友人に付き合って食べているだけ。体重の変化はなく昔と変わらず痩せているが、ただ、食べたくない。食べなくて死んでもよい……。Ｃｏは黙ってＤ子さんの話を聴いた後、Ｅ医師に上記のことを相談してみることを提案、Ｄ子さんは素直に従った。併せて保護者（父母）に連絡を取ることの了承をＤ子さんから受けた。Ｄ子さんは病院の方はすぐに承諾してくれたが、父母の方は「どうせ無駄ですよ。でも、先

生（Co）がそうしたいのならどうぞ」とそっけなかった。

　面接の後、D子さんの実家に電話した。お母さんが出られた。そのときの話をまとめると、次のようになる。母親の話「D子は、子どもの頃より言われなければしないという子だった。だから、ついつい口やかましく先回りして注意してしまっていた。それが本人にとっていけないことだとはわかっていたが、高校卒業までわからなかった。高校卒業以降、D子が体調を崩したこともあり、あまり先回りして言うのは、本人にマイナスだと思って、言わなくなった。今の大学に入ってからは本人の希望で一人暮らしをさせるようにしたので、安定していると思っていたが、実家に帰ってきても、本人は『心配ない。心配ない』と言うだけで、何も今うかがったこと（CoがD子さんの状況を母親に説明したこと）は知りませんでした。本人がそれほどまでに傷ついていたこと。親としてショックです……（暫く泣き声）……。週末、主人と一緒に一回、D子の下宿を見に行こうと思います」。

第7回（X年12月下旬）

　D子さんはE医師の元を訪れ、自分の状態を説明し、薬を増やしてもらった。その新たな薬を飲んだら、緊張もなくなりご飯も食べられるようになったが、歩いている時にふわふわ浮いた感じになるという。再びE医師に相談することをCoは提案する。

　また、実家から連絡があり、両親が土曜日に下宿を訪れたという。前回、先生（Co）から親に連絡することは聞いていたので、そんなに驚かなかったが、父親まで来るとは思っていなかった。久しぶりに両親と会ったので、内心嬉しい気持ちもあったが、それが素直に表現できなくて、ほとんど会話をしなかった。翌日、両親の車で実家に帰った。ただ、年末のあわただしさで、落ち着かなかった（D子さんの実家がある地域は有名な観光地）。これで正月は実家に帰らなくてもよいと思っている。一人の方が気が楽だ。唯一、実家の良いところはご飯の準備をしなくてもよいところだと言う。

　なお、この回、「子どもと関わる仕事がしたい」というD子さんの将来の

夢が語られた。

第8回（X＋1年1月中旬）

D子さんの話「年末、特別にE医師の診察を受け、薬の件を話すと、薬を替えてくれた。それを服薬すると、前回言ったふわふわ浮いている感じはなくなった。ただ、それと関係するのかわからないが、年末極度の低血圧で朝起きられなくなり両親に迎えに来てもらった。前回は『一人の方が気楽だ』と言った手前、恥ずかしいが、結局、両親に甘えた。正直、食事は出てくるし、正月休みなので、ごろごろしていても怒られないし、楽だった。体調も良くなった。また、自分の欠点がはっきりわかった。それは何でも他人に合わせてしまい、我慢してしまうところだ。人と話していて、自分が話すのではなく、聞き役にまわってしまうことが多い。それが負担だった。そういう自分である一方、周りの人にどう思われているのかもすごく気になる。最近、友人が空々しい。自分を避けていくような感じがある。現在、自分（D子さん）は24歳で、現役入学した同級生より4歳も上。でも社会人でもなく、中途半端な感じ。こんな自分は先生（Co）、変わるべきなんでしょうか？」。D子さんの問いにCoは〈D子さんはD子さんのままでよいのだと思うよ〉とだけ答えた。D子さんは嬉しそうな表情で相談室を後にした。

第9回（X＋1年1月下旬）

この回、D子さんは表情も明るく、明瞭な口調で、自分の気持ちをCoに語ってくれた。

D子さん「前回、先生（Co）に『君は君のままでいいんだよ』と言われ、はっと気づいた。気負いすぎている自分がわかり、肩の力を少し抜こうと考えた。父母をはじめ家族、友人（特に、それまで苦手に感じていたC子さんも含む）、よく話すB先生などに、自分（D子さん）の気持ちを率直に伝えた。皆、わかってくれた。

今後は自分の主張をするばかりではなく他の人の立場にも立って信頼でき

る人たちとは折り合っていきたいと思う。また、父母が今までの自分たちの
やり方を詫び、私（D子さん）の方もそれを受け容れた。そのように父母と
も和解したので、少し遠いのだが、親孝行を兼ねて実家から大学に通いたい
と思う。自殺した親友が、このように導いてくれたのかもしれない。彼女と
の心の絆は今後も切れないだろう。……（今までを心の中で回想しているよ
うな表情で暫く沈黙）……ということで、できればカウンセリングを終わら
せていただきたいのですが……」。それに対してCoは〈もちろん、終結にし
ていいですよ。また、何かあったら遠慮なく連絡してください〉と伝えた。

　D子さんは、面接当初の幼いイメージから、年齢なりの女性のイメージに
変化していた。Coは、D子さんの成長に内心嬉しく感じながら面接を終結と
した。

　その後、D子さんからの連絡はなかったが、中途、B先生やE医師などか
らD子さんの様子をうかがい、自分なりに一生懸命生きているD子さんの姿
にCoも安堵していた。そして、D子さんは無事、規定年限で大学を卒業し
た。

4．考　察

　以上の経過を受けて、以下、特に「危機介入」の視点を中心に事例の考察
を行う。

　危機介入とは「危機状態にある人や集団、組織に対して、その問題発生状
況に対する的確な理解に基づいて、迅速に集中的に効果的に働きかけること
により、危機から脱出させる方法」（原　2006，p.98）である。つまり、希死
念慮や自殺企図などを含む緊急対応が必要な時のコミュニティ心理学の観点
からの介入技法のことである。以下、この危機介入の視点から本事例を次に
述べる5つの点に分けて考察したい。

　第1は「自殺念慮の状態の把握」である。

　初回面接の5か月前に、親友の自殺により自殺念慮を抱き保健室でそれを訴えたD子さんが再び保健室を経由して自分の意思で学生相談室を訪れた。初回は結果的に3時間面接をした。

　その際、まず最初の1時間だが、入室後D子さんは「死にたい」とだけ言って30分間ただ泣いていた。そして後半30分間は、5か月前に保健室で自殺念慮を訴えた後どうしたのかの話をD子さんはしてくれた。1時間が経過したところで、Coは〈最初の状態を100とすると今はいくつくらい？〉と尋ねると、D子さんは「60くらい」と上目遣いに答えた。このようなことなどからCoは必要性を感じたので、面接を延長することをD子さんと決める。

　次の1時間は、1年の時には親切だったのに2年生になってそっけなくなったA先生（男性）の話をした。「見捨てられ不安」（abandonment anxiety）が強いD子さんの課題が垣間見える話題であったが、D子さんの表情に徐々に血色が戻ってきた。2時間目の最後にもCo〈最初の状態を100とすると今はいくつくらい？〉と質問する。D子さん「30くらい」。またD子さんと話し合い、特別にあと1時間延長した。

　最後の1時間は、D子さんが好意を持って時々話をするB先生（女性）の話を時折笑顔を見せながら語る。3時間目の最後にもCoは〈最初の状態を100とすると今はいくつくらい？〉と尋ねた。D子さんが「ほとんどゼロ」と答えたので、この回の面接を終了することにD子さんと決めた。

　本来の危機介入の考え方から言えば、初回の面接では、自殺念慮の内容を本人から聞き出し、それをはっきりと明確化し、必要があれば医療につなげるのが原則である（下園 2002）。

　しかし、本事例のD子さんの場合、それを5か月前の保健室にて一応行っていたので、初回では5か月前の保健室で聞けなかったことを聴こうと思った。そして発言を促そうとはせず、泣いている時はそのまま見守り、話し始めたら傾聴を続け、そしてD子さんの主観的な自殺念慮の強さを最初を100として1時間ごとに聞いていった。5か月前に学内の精神科医が行った「次回会うまで死にません」と本人に念書を書かせた「危機介入」の、その後の

フォローアップとして上記のことを行ったのである。つまり、5か月前の保健室を実質上の面接第1回とするならば、今後の面接は、そのフォローアップだと自覚して面接を続けることにした。

第2は「傾聴とカウンセラーとの二者関係の樹立」である。

Coが傾聴を続けた意味は、D子さんとの間に明確な二者関係を築きたかったからである。D子さんは、両親、特に先回りして口を出してくる支配的な母親を嫌悪し避けていた（第1回）。本人が自覚するかどうかにかかわらず母子関係は、その後の対人関係にとって大きな意味を持つ。D子さんの場合、母子の安定した関係、互いの心の絆を自覚できないまま、成長してしまった。父に対しても、父が姉を厳しく躾けているのを見て強い恐怖を覚えた（第5回）。父母との、このような関係は当然、D子さんの対人関係の発達に影響を与えていったと思われる。本来、親に向けられなければならないような男性教師A先生に対する過剰な期待と落胆、気が合う女性教師B先生への思慕、これらは皆、D子さんの幼少期の親子関係を反映したものと考えられた。したがって、その関係を建設的なものにしていくためにまずCoが目指したのがD子さんとの間に肯定的な二者関係を築くことであった。

第3は「精神科医との連携」である。

精神的な意味での親子関係の再構築には、母性と父性の両方が必要になる。自分でも自覚しているが、Coは性別は男性だが内面は母性が強い。特に学生相談や子どもの相談ではそうである。したがって、その援助に父性の要素を導入し、母性に偏った一面性のバランスを回復させなければならない。D子さんが体調不良を強く訴えた時、Coと普段から連携しているE医師を紹介したのは、医療的ケアがD子さんに必要だったからだけでなく、上記の「父性的かかわり」をE医師に期待したからである。実際、D子さんがE医師の診察を受けて抱いた印象「Coは主観的、E医師は客観的だが、両方いてくれると安心する」（第5回）が、上のことを裏付けている。

また、CoはE医師と随時情報交換などを行い、協力してD子さんの援助に当たったが、特に医療的ケアの面で、薬が本人に合うかどうか、また服薬指

導など、注意しながら支援を進めた。Coが知識のあることでも、それが少しでも医療に関係することはすべてE医師の指示を仰ぐようにD子さんに指導した。それにより、CoはD子さんの「思い」を聴いていくことに徹底できた。それが二者関係の深まりに通底している。

　第4は「クライエントの周囲の人たち（家族・友人・先生）との対人関係の変化」である。

　第3回で本人も自分で言っていたようにD子さんは「孤立」していた。太田・桜井（2003）では危機の類型として「孤立型」と「トラブル型」を挙げ、D子さんも当てはまる「孤立型」に関して、特に家族関係・対人関係の修復を含むサポートが必要だと述べている。

　本事例では、D子さんは、Coが母性的かかわりをし、E医師が父性的かかわりをすることによって、実際の両親との関係も徐々に修復していった。第6回の面接の後、Coが母親にD子さんの気持ちと現在の状況を電話で話したりして実際の両親の意識も変革しD子さんと接する時に両親が工夫するようになったこと、また第8回にCoが〈君は君のままでよい〉とD子さんに言ったことなどをきっかけに、D子さんに一気に気づき（awareness）が生じた。D子さんは、「自分は自分として生きていけばよいのだ」と思うと、今まで否定的に思っていた両親や苦手な友だちC子さんなども赦せるようになり和解できたのである（第9回）。

　第5は「自己像の変化と自己受容」である。

　当初、特に第3回に強く「自分はだめだ」と否定的な自己像を語っていたD子さんだったが、第4回の危機的な状況を乗り越え、E医師の協力もあり、徐々にD子さんが信頼おける人とは関係を持てるようになっていった。そのような中で、特に第5回では自分の今までを冷静な感じで振り返り、自分にとって「信頼」できる人と一緒に生きていくことに価値をおきたいと述べている。そして、その後の両親との和解、周囲の友人・先生などとの関係の肯定的変容により、今までの自分・今の自分・これからの自分、連続するそれぞれの自分をありのままに受け容れること（自己受容）ができるようになっ

ていった。それにより、第7回では、将来の夢として「子どもと関わる仕事がしたい」ということが本人によって語られた。

5．おわりに ―まとめに代えて―

　本章では、親友の自殺により抑うつ状態になり、自らも自殺念慮を抱くようになった女子学生の事例を提示し、自殺念慮への「危機介入」に焦点を当てて考察を試みた。その結果、本事例から学んだのは、次のようなことである。まず、表面上いかに強い希死念慮があった時も、D子さんの心の底流には、中間（2006a・2006b）が述べるように「生きたい」という強い願望があり、その裏返されたものとしての「自殺念慮」だったと捉えることができるのではないかということである。そして、D子さんにとって信頼できる人々（カウンセラー・E医師・両親・家族・友人・先生など）とのかかわりを通じて、対人関係を再構築し、自己を受け容れ、再び「生きたい」と思えるようになった。このように、自殺念慮の人を癒し自殺を踏みとどまらせるものは「信頼できる人との心の絆の回復」ではないだろうかと考えられるのである。

【文献】
原裕視（2006）「危機介入」植村勝彦・高畠克子・箕口雅博・原裕視・久田満（編）『よくわかるコミュニティ心理学』ミネルヴァ書房、pp.98-99。
中間裕美子（2006a）「やり直しの視点から見た希死念慮を持つ学生の心理面接」『学生相談研究』26(3)、pp.198-208。
中間裕美子（2006b）「危機介入における学生相談室カウンセラーの判断」『自殺予防と危機介入』（日本自殺予防学会）27(1)、pp.50-57。
太田裕一・桜井育子（2003）「コミュニティと危機介入――ふたつのキャンパスの学生相談における比較」『学生相談研究』24(2)、pp.119-128。
下園壮太（2002）「自殺念慮を持つ人、本人へのカウンセリング」『自殺の危機とカウンセリング』金剛出版、pp.40-90。

事例5

母親と死別した男子学生の「喪の仕事」

1．はじめに —問題の所在—

　阪神淡路大震災で家族を亡くした学生がいた。恋人を交通事故で亡くした学生がいた。父親が過労自殺した学生がいた。犯罪被害者遺族の学生がいた。障害の重い弟を亡くした学生がいた。そして筆者自身、何人かのかけがえのない人を病気や事故や災害や自殺で亡くしている。これが本章執筆の最大の、また唯一の動機である。

　そこで、本章では、このテーマを考えていく第一歩として、母親と死別した男子学生の事例を提示し、その悲哀（喪）を受け容れるプロセス、すなわち「喪の仕事」（mourning work）の視点から考察したいと思う。

2．事例の概要

学　　生：E君、男子、来所時19歳、文系学部2年生。

相談内容：同じ実習グループに迷惑な人がいる。

来談経緯：保健室を経由した自主来談。

家族構成：父（自営業）・母（2年前に死亡）。長姉・次姉・兄（いずれも
　　　　　　　社会人で独立）・E君の4人兄弟姉妹。以上、6人家族。

本人の生活形態：アパートでの一人暮らし。

初回の本人の印象：表情も明るく、話していることもわかりやすい。ただ
　　　　　　　　　　し、自分のことは語らない。身なりはさっぱりきちんと
　　　　　　　　　　している。

3．面接の経過

　面接は原則週1回（約50分）とした。初回は11月中旬で、前後期制の大
学なので、来所した時期は、後期の半ばに当たる。途中2週間ほどの冬休み
が入り、全体として約4か月の間に10回の面接を行った。
　以下、E君およびその他の人の言葉を「　」、カウンセラーをCo、Coの言
葉を〈　〉で記す。

第1回（X年11月中旬）

　E君は入室して挨拶が済むなり、すぐに次のように一方的に話し始めた。
「学科の実習グループがある。自分（E君）をリーダーとしてメンバーは10
人いる。その中に迷惑な人（A君）がいる。A君は2歳年上だが、大人な部
分が全然なく、グループの約束事、例えば何日の何時に集まるということが
守れない。議論を自分から吹っかけてくるが、事の核心になると逃げる。ま
たE君に対して『お前の考えはおかしい。精神病院に行け！』などと平気な
顔で言う。基本的にはまじめな人なのだが、ストレスが溜まると同級生、特
に同じ実習グループの人に当たる。自分（E君）の彼女が同じグループにい
るが、二人で話していると、A君がちょっかいを出してくる。『俺は日本を

変えてやる』などとA君には救世主願望があるが、その反面、日ごろの行動はちゃらんぽらん。E君は心の中で『身近なこと、自分のことから変革していけば』と思ってしまう。A君は『俺は中学時代空手をやっていた』が自慢で、直接暴力を振るうわけではないが、空手のポーズをとって人を威圧してくる時がある。そのような人物なので、グループを替わってもらいたいのだが、初めに決めたメンバーの変更ができず、他のグループ・メンバーも大変迷惑している……」。この間、Coは話を傾聴。E君は、にこやかにそして明瞭な口調で話し続けた。

第2回（X年11月下旬）

「初回に話したA君のことがストレスとなり、最近体調が悪い」とE君が話し始める。Co〈どんな感じで体調が悪い？〉。E君「突然偏頭痛になったり、もともと心臓が悪いので心臓が痛くなる。ただし病院に行くほどの症状がないので純粋にA君からのストレスによるものと考えている」。

話題が変わり家族の話になる。E君の実家は大学のある町から電車で1時間ほどの自然が豊かな地域にある。E君「4人兄弟姉妹の末っ子で、上がすべて独立しているので、自分だけが父に養われている」。Co〈お母さんにも養われているんじゃないの？〉。E君「母は関係ない。養われていない。アルコール依存症やリストカットなどで、さんざん迷惑をかけられた」。さらに母親の話を吹っ切るように「ところで、父はすぐ怒る。先日も口論になった。父に『おまえの人生の意味は何だ！』」と言われたが、それに直接答えないで、自分（E君）は心の中で『人に言う前におまえ（父）はどうなんだ！』と思った。そして気が付いたら、カッターで自分（E君）の指先を切っていた。指先の血を父に見せ『（俺の人生の意味は）これだ！』と叫んだ」。しばらくしてE君「すごい家族関係なんです」と笑顔で語る。Coは話を傾聴すると共に、心の中でE君の話し方は少し芝居がかっているようにも感じていた。

第3回 (X年12月上旬)

「授業が長引いた」と言いながら息せき切って相談室に入ってくる。そして、A君と徐々に距離が取れるようになったこと、保育士の資格を在学中に取りたいことなどが語られた。

第4回 (X年12月上旬)

E君は前の相談者とかち合わないように相談室の外の陰になる部分で隠れていた。そして前の相談者が帰ってから入室。E君「やはり、相談者同士が顔を合わせるのはよくないと思った」。Co〈それはどうもありがとう〉。E君はニコニコしながら、A君とは相変わらず距離を取っているが、最近、A君から突然「お前は境界性人格障害だ！」と言われたことがあったと話す。E君は内心「俺がそうなら、お前もそうだろう」と思ったそうである。

そしてA君の話になる。E君の話によれば、A君の両親は共に聴覚障害者で、そのことでA君は子ども時代にいじめにあった。そのことは気の毒に思うが、厳しい表情でE君は「自分は同情はしない」ときっぱり言う。またA君は三兄弟姉妹の末っ子で甘えん坊のところがあるという。Coは内心〈E君とA君は似ているところがある。だからA君がいじめにあっていたことも同情的になれないのだろう。もしかしたらE君にもいじめられた経験があるのかも〉と思った。

第5回 (X年12月中旬)

家族の話になり、E君は次のように語る。父母とも実の親であるが、父は離婚歴1回の養子で、E君の母と再婚するまでは修行僧をしていた。今は妻（E君の母）の実家の自営業をついでいる。母も離婚歴があり、上の3人の兄弟姉妹は母の連れ子である。母はE君が小さい頃よりのキッチン・ドランカーで家族が酒を隠しても見つけて飲み続けていた。母には常に希死念慮があり、E君が物心ついた頃より自殺未遂を繰り返していた。2年前、アルコール依存症で入院していた病院で喉に痰を詰まらせ窒息死した。E君に

とっては「事実上の自殺」と感じた。

　母の連れ子である3人の兄弟姉妹は、まず長姉は母に振り回されており、一度は自身もおかしくなり包丁をもって暴れたこともある。次姉はE君に言わせれば人付き合いが苦手で自閉的、長男である兄は養子に出される予定であるという。なお、これらの家族のことを語る時にE君は少しおどけたように他人の話でも語るかのように冷静に話した。

　続けて次のように話す。1か月半くらいで母の三回忌になるので、実家に帰らなければならない。その時に家の後継ぎ問題について親戚一同での話し合いがある。E君は末っ子なのだが、戸籍上長男になっている。上の三人の兄弟姉妹は母のかつての配偶者（夫）だった人の名前を継いでいる。また父は養子のため、今のE君の名前は母方の名前である。その母方の家をE君に継いでもらいたいというのである。しかし、母方の家業である父の仕事をE君につがせようというのではなく、父とも母とも血が繋がっているE君に母方の家を名前だけを継いでほしいということらしい。それでもE君は嫌で「断ろうと思っている」と語る。なぜなら、かつて母方の祖父母から「おまえ（E君）は父親を家につなぎとめるために無理やりつくった子どもだ」と聞かされたことがあるからである。E君にとって今の家族は「他人のようだ」と苦しそうに語る。この後、大学が冬休みになる。この回、Coは傾聴に終始。

第6回（X＋1年1月中旬）

　冬休み明けの面接。E君、珍しく沈うつな表情で、子ども時代の話になる。E君が小学2年生の時、母が原因と思われる火事で家が焼けた。小学3年生の時、母が家の裏の電柱で首をくくっているのを見て、あわてて姉と助けた。母の自殺未遂は2年前に亡くなるまで度々繰り返された。子ども時代、両親はいつも喧嘩していた。E君から見て、父は優しいというより自分に無関心である。一方、母は何かにつけ厳しく口やかましかった。父母は他の兄弟姉妹にも同じようだった。また、E君の兄弟姉妹との関係は、年齢が離れてい

るせいもあって、お小遣いをくれたりなど、一方的にかわいがられるような感じだった。普通は愛によって結ばれた二人に子が授かるものだが、うちの両親は、そうではなかった。母にとり自分（E君）は夫（父）をつなぎとめるだけの材料であり、父は「子どもは親の所有物」と放言してはばからない人である。この回もCoは傾聴に終始。

第7回（X＋1年1月下旬）

E君、にこやかな落ち着いた表情で次のように語る。E君の小中学校時代は、母親のことでずっといじめにあっていたが、高校生になり同性の親友と呼べる人ができて学校へ行くのを生れて初めて楽しいと思えるようになった。大学に入り、家から離れて、精神的には楽になった。「もし以前のまま家にいたら、自分はどうなっていたかわからなかった」と考えるとぞっとする。この回もCoは傾聴に終始。

第8回（X＋1年2月上旬）

母の三周忌が近づき、家の後継ぎ問題の不安を語る。ただ、E君の表情は思ったよりも明るかった。以下、E君の話。家の名前を継ぐと、それに伴って責任が生じる。家業は父親の代で閉じると言っているが、名前だけ家を継ぐというのにも抵抗を感じる。親戚のお年寄りたちには「この家を途絶えさせてはいけない」としきりにプレッシャーをかけられ、悩みが深くなっている。この回もCoは傾聴に終始。

第9回（X＋1年2月中旬）

この回、ほとんどが学生生活についての他愛ない世間話を楽しそうに語っていたE君だが、最後になって「いまだに大きな音がすると、ドキッとしてしまう。自殺を繰り返していた母親を思い出して」と表情を変えて語る。この後、Co・E君ともに沈黙の内に、この回終了。

第10回（X＋1年2月下旬）

　週末、母の三周忌に実家に帰り、夜、家の後継ぎ問題についての親族会議が開かれた。一応、家を継ぐという問題はE君の就職時まで保留されることになった。また、迷惑に感じていた同級生のA君のことが、E君はほとんど今では気にならなくなった。それよりも将来、保育士など子ども関係の仕事に就くために今は一生懸命勉強したいと語る。Coは〈君が、そのような心境になってくれたのは本当に嬉しい〉とE君に伝え、E君は、それに頷いた。またE君が、遠慮しながらも、この回で面接を終了したい旨をCoに表明したが、Coも喜んで承諾し、握手をして別れた。

4．考　察

　喪の仕事（悲哀の仕事）に関しては、小此木（2002）によって「愛着依存の対象を喪失した際に起こる心的過程を喪（悲哀 mourning）といい、徐々にその愛着依存の対象から離脱していく心の営みをフロイト Freud, S. は喪（悲哀）の仕事 mourning work とよんだ」（p.464）と紹介している。つまり、喪の仕事とは、かけがえのない愛する人・親しい人との離別によって起こってくる心の痛みや切なさなどの悲哀の感情が癒されていく心的過程のことだと言える。

　事例のE君は2年前に母親と死別した。この母親は、E君が小さい頃からキッチン・ドランカーで家族が酒を隠しても見つけて飲み続けていた。また、母には常に希死念慮があり、E君が物心ついた頃より自殺未遂を繰り返していた。さらには、2年前、アルコール依存症で入院していた病院で喉に痰を詰まらせ窒息死した。以上のようなことからE君にとっては母の死は「事実上の自殺」と感じた（第5回）。ここに愛情・依存の対象を失ったことによるE君の深い喪失感を想像せざるを得ない。

　また、E君の子ども時代、母親が安定した「心理的基地」（psychic base）

になりえず、それゆえ母と子の心の絆が弱く、互いの心の中に相手がしっかり根付く愛着（attachment）関係も不十分であったのであろう。第6回に語られたE君が小学2年生の時、母が原因と思われる火事で家が焼けたこと、小学3年生の時、母が家の裏の電柱で首をくくっているのを見て、あわてて姉と助けたことのエピソードは壮絶な体験であっただろう。以上のようなことから派生したであろう「分離不安」（separation anxiety）や「見捨てられ不安」（abandonment depression）はE君の心理的成長に影響を与え、第7回に語られた小中学校時代にいじめられたことの遠因になっているのではないだろうか。

　E君は、子ども時代は常に母を喪うのではないかという「予期不安」（anticipative anxiety）に怯え、それに抗うこともできず、心配と不安に満たされた生活を長く続け、母を実際に喪ってからも悲哀の苦痛に満たされ、それが十分に癒されなくて苦しんでいたと思われる。

　その苦しみは第2回の次のようなE君の語りに象徴的に現れていた。

　それはE君の「父だけに養われている」という発言から始まった。そしてCo〈お母さんにも養われているんじゃないの？〉という質問に対して、E君は「母は関係ない。養われていない。アルコール依存症やリストカットなどで、さんざん迷惑をかけられた」と答える。さらに母親の話を吹っ切るように「ところで、父はすぐ怒る。先日も口論になった。父に『おまえの人生の意味は何だ！』と言われたが、それに直接答えないで、自分（E君）は心の中で『人に言う前におまえ（父）はどうなんだ！』と思った。そして気が付いたら、カッターで自分（E君）の指先を切っていた。指先の血を父に見せ『（俺の人生の意味は）これだ！』と叫んだ」と語る。しばらくしてE君「すごい家族関係なんです」と笑顔で語った。

　Coが、この時感じた違和感、特にE君の話し方が少し芝居がかっているようにも感じられたことは、躁的防衛（maniac defense）をCoに想起させた。躁的防衛とは「死者を無縁なもの、排除すべきものとして扱う心理によって、喪の心理や、自己自身の死の不安を、心から追い払い、心の安定を得ようと

する」（小此木 1979、p.88）ことである。それは一方で、自我の疲弊を招き、
それを身体で支えられなくなると、E君の偏頭痛や心臓神経症的症状など、
心身症的症状として露呈する（第2回）。

　ところで、躁的防衛の一種として「置き換え」（displacement）があるが、
本来、母親に向けられなければならないものが他の身近な人々（父や兄弟姉
妹）に向けられていた。

　まず父親だが、E君の話によれば、父母とも実の親であるが、父は離婚歴
1回の養子で、E君の母と再婚するまでは修行僧をしていた。今は妻（E君
の母）の実家の自営業をついでいるとのことであった（第5回）。また第6
回では、子ども時代、両親はいつも喧嘩していた。E君から見て、父は優し
いというより自分に無関心である。また、普通は愛によって結ばれた二人に
子が授かるものだが、うちの両親は、そうではなかった。母にとり自分（E
君）は夫（父）をつなぎとめるだけの材料であり、父は「子どもは親の所有
物」と放言してはばからない人であると語った。このように、父に対しては
「置き換えにより悪玉視する態度」という躁的防衛が見られる。

　次に兄弟姉妹だが、第5回のE君の話では、母の連れ子である3人の兄弟
姉妹は、まず長姉は母に振り回されており、一度は自身もおかしくなり包丁
をもって暴れたこともある。次姉はE君に言わせれば人付き合いが苦手で自
閉的、長男である兄は養子に出される予定であるという。なお、これらの家
族のことを語る時にE君は少しおどけたように他人の話でも語るかのように
冷静に話した。ここから兄弟姉妹に対する「置き換えによる無関心な態度」
という躁的防衛が見られる。

　この躁的防衛を自身に引き戻さねばならないという課題がE君にあった。
それは第5回から語られた家の後継ぎ問題によって明確化した。それは、次
のような話だった。1か月半くらいで母の三回忌になるので、実家に帰らな
ければならない。その時に家の後継ぎ問題について親戚一同での話し合いが
ある。E君は末っ子なのだが、戸籍上長男になっている。上の3人の兄弟姉
妹は母のかつての配偶者（夫）だった人の名前を継いでいる。また父は養子

のため、今のE君の名前は母方の名前である。その母方の家をE君に継いで
もらいたいというのである。しかし、母方の家業である父の仕事をE君につ
がせようというのではなく、父とも母とも血が繋がっているE君に母方の家
の名前だけを継いでほしいということらしい。それでもE君は嫌で「断ろう
と思っている」と語った。

　自分の家族に対して「他人のようだ」と放言するE君だが、その裏には、
本来自分と父親や兄弟姉妹を結び合わせるのは母親なのにという思いが働い
ており、それがいかようにも達成されないもどかしさは、その思いを無意識
界に抑圧したと考えられる。それが躁的防衛につながっているのだが、上記
の相続問題を経て、それらの意識化が図られる。まず、当初、兄弟姉妹とは
血が繋がっていないと露骨に語っていたが、母の連れ子であるそれらの人た
ちは半分はE君と血が繋がっているわけだし、また、第6回に語られたよう
に、自分（E君）の兄弟姉妹との関係は、年齢が離れているせいもあって、
お小遣いをくれたりなど、かわいがられるような感じだったと語る。この話
などから少しずつの兄弟姉妹への思いの変化、受容がうかがえる。

　また、第8回に象徴的だが、父親に対しても同様である。第8回では、母
の三周忌が近づき、家の後継ぎ問題の不安を語った。ただ、E君の表情は
思ったよりも明るかった。以下、E君の話。家の名前を継ぐと、それに伴っ
て責任が生じる。家業は父親の代で閉じると言っているが、名前だけ家を継
ぐというのにも抵抗を感じる。親戚のお年寄りたちには「この家を途絶えさ
せてはいけない」としきりにプレッシャーをかけられ、悩みが深くなってい
るということだった。これにより、自分の家業を継がせるという自分の方の
都合から父がE君に相続を勧めていたのではなかったことがわかった。父は
父なりの愛情がE君にあったことが、E君に少しずつ感じられるようになっ
ていったのではないかと思われる。したがって、父親を少しずつ受け容れる
気持ちができていったので、表情が明るくなっていったのではないかと思われ
る。現実としては、後に家の後継ぎ問題はE君の就職時まで保留されること
になった（第10回）。

　父親や兄弟姉妹との関係の変化は、本来の課題である母との死別に関する「喪の仕事」、悲哀の過程への参入を容易にしたと考えられる。第9回で、はじめ、ほとんど学生生活についての他愛ない世間話を楽しそうに語っていたE君だったが、最後になって「いまだに大きな音がすると、ドキッとしてしまう。自殺を繰り返していた母親を思い出して」と表情を変えて語ったことに象徴的である。それまでも母の自殺未遂についてはしばしば語られていたが、それらは皆、外から見て客観的に叙述しているという感じだったが、第9回では実感を込めて自分の体験として母の自殺未遂を語っている。ここにE君の本来の意味での喪の仕事・悲哀の過程への参入がうかがわれた。

　一方、E君が相談室を訪れた当初の目的は非常に迷惑な同級生であるA君のことについての相談であった。E君の話を聴くうちに、Coには、E君とA君は、その生い立ちにおいて似通ったところがあると感じた。例えば、親にハンディがあり子ども時代に苦労したこと、末っ子であること、いじめられた経験があることなど、第4回を中心に語られた。似ている人が気になる・腹が立つなどの現象は一般にも見受けられることだが、E君の場合、A君に対して、自分と同じ境遇で、いじめや両親のことは気の毒に思うが、だからといって「同情はしない」ときっぱり言い切っている。これには「投影性同一視」（projective identification）という自我の防衛機制が働いている。

　投影性同一視とは、E君の場合を例に取ると、自分（E君）の自我をよい自我・悪い自我に分割し、対象（A君）に対して悪い自我を投影し、その投影された悪い部分を自分（E君）の自我の一部と同一化し続け、対象（A君）に対して自分（E君）の自我の一部と同じ処罰的・批判的・攻撃的態度を取り続けることである。いみじくも第4回に語られた「境界性人格障害」で目立つ自我防衛である。この状態から脱し、心理的自我境界をA君との間に再構築していくのがE君の課題であった。それは「投影の引き戻し」（withdrawal of projection）とも呼ばれるが、具体的には自分は自分、A君はA君という意識の回復であり、ある距離を持って関係を維持していけるようになるのである。実際に面接最終回（第10回）後半では、A君のことがほ

とんど気にならなくなったと報告されている。このようにE君のA君との関係の修復が図られており、それは同時にE君自身にとって自己を真に受け容れていく過程への参入を意味しているのだと考えられる。

　一方、周囲の人たちとの関係の変化は、無論、E君自身の生き方・将来への希望にも影響を与えた。象徴的だったのは、「保育士など子ども関係の仕事に将来就きたい」と最終回に語ったことにある。第3回でも同様のことが語られたが、意味が全然違うと思われる。第3回に語られた意味は、多分に今まで十分に親からのケアを受けられなかったことへの反動形成（reaction formation）として、子どもたちの世話をしたいというニュアンスが感じられたが、最終回である第10回に語られたのは、自分なりの喪の仕事・悲哀の過程を歩んでいるE君の将来の創造的希望としての「子ども関係の仕事」であった。

　つまり、第3回は「保育士」に限定されていた。その方がより傷ついた自我を衞り無意識の願望を満たしやすいからである。それに対して第10回は「（保育士だけに限定されない）保育士など子ども関係の仕事」と領域への視野が広がり、より将来の希望としての職業という面が強調されていた。この点はE君が、この後の人生においても、精神的意味での亡き母との程よい愛着関係を再構築し、現実に生きる周囲の人々とも、ある距離をもって意義深く関わりながら、E君なりの充実した人生を歩んでくれるのではないかという希望をCo側にもたらした。

　今回の事例ではほとんどCoは発言していない。身につまされて発言できなかったのである。しかし、E君に好転的変容が起こった。それはたぶん今までCoから去っていった身近な人・愛する人・親しい人が後押ししてくれたのだと思う。別の表現をすれば、このE君との面接過程がCoにとっても喪の仕事・悲哀の過程になっていたのではないかと思うのである。心から、今は亡き人々に感謝したい。

5．おわりに ―まとめに代えて―

　本章では、まず母親と死別した男子学生の事例を提示し、その悲哀（喪）を受け容れるプロセス、すなわち「喪の仕事」（mourning work）の視点から考察することを通じて、次のことが明らかになった。それは、E君が「喪の仕事」「悲哀の過程」を進めるために重要であったこととして、第1に躁的防衛を少しずつでも崩していったこと、第2に遺された人々（父や兄弟姉妹・親戚・同級生など）との関係を修復して、それらの人々を心理的に受け容れたこと、第3に自己自身を受け容れることによって、悲哀の過程を歩み、本当の意味での母の死の受容が達成され、将来への希望の道が開かれたことが挙げられるということである。

【文献】
小此木啓吾（1979）『対象喪失――悲しむということ』中央公論社。
小此木啓吾（2002）「喪の仕事〔悲哀の仕事〕」小此木啓吾・北山修・牛島定信・狩野力八郎・衣笠隆幸・藤山直樹・松木邦裕・妙木浩之（編）『精神分析事典』岩崎学術出版社、pp.464-466。

事例6

過敏性腸症候群という課題を抱えて入学した女子学生の事例

1．はじめに ―問題の所在―

　鶴田（2001, p.4）によれば、学生生活サイクルの内、「入学期」は、今まで慣れ親しんだ環境から離れて、新たな学生生活へと移行する時期であり、新入生は大学への「入学に伴う課題」と、「入学以前から抱えてきた課題」に直面すると考察されている。

　入学に伴う課題とは、学業の領域（例：単位・履修方法がわからない、学業に集中できない、大学カリキュラムに慣れる、自分の関心領域を選ぶこと等）・進路の領域（例：不本意入学、入学後の目標喪失等）・対人関係の課題（例：友達づくり、相手との関係による対人的距離のとり方等）などがある。また、入学以前から抱えてきた課題とは、高校・浪人時代までにあった課題（例：自己確立・対人関係・心身の障害疾病等）を指す。

　本章は、上記のテーマを考えていく第一歩として、過敏性腸症候群という課題を抱えて入学した女子学生の事例を提示し、その学生相談過程を具に検討していくことを通して、「入学期」の学生への支援の方法について考察したい。

２．事例の概要

学　　生：F子さん、女子、来所時18歳、看護学部１年生（現役合格）。

相談内容：高校３年（来所の前年）の秋頃より、授業中おなかが痛くなる。内科を受診の結果、過敏性腸症候群と診断される。その状態が大学入学後も続いている。

来談経緯：保健室を経由した自主来談。

家族構成：父（会社員）・母（看護師・助産師）。弟（15歳・高校１年生）・F子さんの４人。

本人の生活形態：アパートでの一人暮らし。

初回の本人の印象：全体に小柄で一見、中学生くらいにしか見えない。化粧はしていないようで、髪型もおかっぱ頭、服装は高校時代の私服であることもあり、かなり幼く見える。

３．面接の経過

　面接は原則週１回（約50分）とした。ただし、曜日や時間は固定していたものの、状況によっては不定期になることもあった。初回は５月下旬で、前後期制の大学なので、来所した時期は、前期の半ば、入学後約２か月に当たる。全体として約７か月の間に12回の面接を行った。

　以下、F子さんおよびその他の人の言葉を「　」、カウンセラーをCo、Co

の言葉を〈　〉で記す。

第1回　（X年5月下旬）

　F子さんは入室して挨拶が済むなり、すぐに次のように一方的に話し始めた。「受験期である高校3年生の秋頃（去年の秋頃）より、授業中おなかが痛くなるようになりました。あまりにそれが続くので、内科を受診しました。その結果、過敏性腸症候群と診断されました。大学に入学して多少症状は緩和されましたが、やはり時々授業中におなかが痛くなる時があります。今は医者には行っていません。なので、投薬も受けていません。症状が出たら、ひたすら耐えるだけです。もともと大学は看護を志望していましたので、この大学に入れてよかったと思っています。でも、本当は地元の国公立に行きたかったんです。それは親に経済的負担をかけたくなかったからです。母は看護師で助産師、ある産婦人科医院で助産師として働いています。父は普通の会社員です」。この間、Coは話を傾聴。F子さんは、にこやかにそして明瞭な口調で話し続けた。初見の中学生のような印象もF子さんの話を聴く中で年齢なりのイメージにCoの中で修正されていった。

第2回　（X年6月下旬）

　F子さんの授業の都合で約1か月ぶりの面接になる。週末に実家に戻り、父親と学生生活について話をしたという。Co〈お母さんとは？〉。F子さん「母には話せません。特に体調が悪いことは。病気に触れたくないので普通の話題も詳しくは話せません。父に対しても一般的なことは話せますが、病気のことは隠しています」。

　Co〈（病気のことは）隠している？〉。F子さん「そうです。母親は、食料などは一度も送ってきたことはないのに、看護関連の本など、自分（F子さん）に役に立ちそうな本を宅急便で送ってくれます。それほど『自分（母親）と同じ職業（看護師・助産師）になりたい』と言ってくれる娘（F子さん）に喜んで期待もしているようです。けれども、自分としては、それ自体が負

担です。友達のお母さんのように、心配して食料などを送ってもらっている方が気が楽です。うちの母は勉強に役立つものしか送ってきません。本が送られてくる度に『勉強しろよ』と言われているようでプレッシャーです。もし病気のことを打ち明けたら過剰に心配をかけてしまうと思います。また、大学生活にもだいぶ慣れてきましたが、特定の科目の授業で、やはりおなかが痛くなります。ただ、それらは必修なので、休むわけにもいきません」。

　Co〈F子さん、子ども時代はどうでした？〉。F子さん「とにかく忙しい子ども時代でした。小学校の時は、習字、スイミング、ピアノなど、日替わりで習い事がありました。小学校の途中からは近所の剣道の道場にも通い始めました。中学校では、剣道部に所属し、高校ではブラスバンドでサックスを吹いていました。それが普通と思っていましたので、嫌だとか、やめたいとかは思いませんでしたが、時々、勉強との両立に悩むことはありました」。Co〈友達は？〉。F子さん「仲のよい子もいたはずなのに、自分でも不思議なくらいに友達の記憶がありません」。この話を聴き、Coは少々心配になってきたので、F子さんに〈暫く週1回ペースで来室しませんか〉と尋ね、それにF子さんは了承する。

第3回（X年7月上旬）

　Coの紹介で、F子さんは日頃よりCoが連携している心療内科医A医師の元に通うようになる。あわせて投薬も受けるようになる。それに伴い、F子さんの体調は全般に良くなっていったが、F子さん自身が「嫌だなぁ」と思っている幾つかの授業の前になると、授業中の腹痛が予想され、食事を意図的に抜かしたりしている。A医師からは「三食少量ずつでも食べること、食べる時間をなるべく一定にすること、朝食はなるべく食べて排便を済まして登校すること、おなかが痛くなったら我慢せずにトイレに行くこと」などをアドバイスされているが、予期不安が起こると、そのことが守れなくなる、という。Coが〈今、話したことをA医師に相談してみたら〉と提案すると、素直にF子さんは、そうした。A医師に、上記のことを相談し、「それほど

厳密に守らなくてもよい。自分で調節しながらやっていけばよい。授業など
は前もって担当の先生に事情を話しておくとよい」というアドバイスをも
らっている。もともと素直なF子さんはA医師のアドバイスをそのまま受け
容れ実行していった。

　なお、続けて「なぜ母親に病気のことを言えないのか」の話になった。F
子さんによれば「忙しい母に余計な心配をかけたくないという気持ちも本当
ですが、それ以上に弱いところを見せたくないということもあります。中
学・高校時代、母に身体の不調を訴えても『心を強くもって』と言われてし
まっていました。将来母と同じ看護師・助産師の仕事をしたいと思っていま
すので、母が言うように『自己管理ができない人は医療職に向かない』とい
う言葉への挑戦でもあります」という。Coが〈もう少し素直になったらい
いんじゃないのかな〉と言うと、F子さんは沈黙してしまった。気まずい時
間が暫く流れた後、Coは自分の母親が産婦人科に勤務していた話をした。F
子さんは興味深げにそれを聴いていたが、特に〈普通に生まれることが当た
り前に思われているが、元気に生まれるまでは本当に誰もが心配する〉とい
うCoの母親の言葉にF子さんは深く頷いていた。

第4回（X年7月中旬）

　F子さんは、嬉しそうな表情で、同性の親しい友人ができたことを報告し
てくれた。その友達には授業中の腹痛の件も話していて、心から同情してく
れ、授業中、気にかけてもくれる。「それが本当に嬉しい」とF子さんは語
る。

　続けてF子さん「その友達に勇気付けられて、週末、実家に戻った時、父
に自分の状態を伝えました。父は心より心配してくれて、『場合によっては
自分（父親）がそちら（大学のある町）に行く』とまで言ってくれました。
嬉しかったですけれども、先生方（Co・A医師・保健室の先生など）に支
援を受けているので、それは必要ないことを父に伝えました。父は少し悔し
そうでしたが、『そんなにおまえのことを助けてくれる人たちがいるのか。

ありがたいことだ』と目に涙を浮かべていました。父には、このように話せ
たのですが、やはり母には話せませんでした。最近、高校３年生の時に母か
ら『精神的なものは病気と認めない』と言われ、ショックだったことを思い
出しました。先生（Co）はどう思いますか？」。Co〈今、無理にお母さんに
病気のことを伝えなくてもよいのではないかと思う。いつかF子さんが話そ
うという気になれた時に話せばいいんじゃないのかな〉。F子さん「いつも
内心考えていたのですが先生はアバウトですよね。それがいいんですけど。
『いい加減』じゃなくて『よい加減』なのですね。（笑い）」。Coは内心、F子
さんも、ある程度「いい加減」になって、結果「よい加減」になってくれな
いものかなと考えていた。この後、大学は夏休みになる。次回は10月を予
約してF子さんは帰っていった。

第５回（X年10月上旬）

　夏休み明け初回の面接。前期でだいぶ一人暮らしの生活のペースを掴んで
きていたが、夏休みに実家に帰ったら元に戻ってしまった。大学に帰ってき
ても調子が出ない。そのかわり、授業中の腹痛も起きない。「不思議なもの
ですね」とF子さんは笑う。帰省中、前に打ち明けた父親には病気のことを
含めていろいろと相談できたが、母親にはやはり話すことができなかったと
いう。

　また、久しぶりにA医師の元に行ってきたという。A医師の話によれば
「現在処方されている薬には依存性があり、決められた以上に飲むと逆効果
である」とのことだった。F子さんは現実には腹痛はほとんど起こらなく
なっていたが、薬を飲んでいないと授業中など不安なので一応決められた量
だけ、薬を飲んでいる。ただし、授業開始時間を過ぎると、教室に鍵をかけ
てしまう先生がおり、F子さんは遅刻しないのだが、遅刻して教室に入れな
い人がいると、見ていて不安がこみ上げてくることがあるという。この回、
Coは心の中でF子さんの言葉を反芻しながら傾聴に終始する。

第6回（X年10月中旬）・第7回（X年10月下旬）・第8回（X年10下旬）

以上3回は、ほぼ第5回に話された内容が繰り返された。過敏性腸症候群の症状もほとんどでなくなっていた。

第9回（X年11月上旬）

F子さんは過敏性腸症候群の状態に再びなってしまった。それはある授業で腹痛になり先生の許可をもらってトイレに行ったが、教室に帰ってくるなり、その医師でもある非常勤の先生に「自己管理ができない者は医療者にはなれない」と強く言われたことがきっかけだった。その後、大丈夫だった授業でも予期不安が高まり、その状態で授業にのぞむと、必ず腹痛が起こるようになってしまった。通院の際にA医師に、そのことを相談すると、A医師は「それはタイミングが悪かったね。すべての医者が、その怒った先生みたいじゃないからね。大丈夫。大丈夫」と言ってくれた。その言葉に安心したが、腹痛の不安はゼロにはなっていないという。「どうしたらよいでしょうか？」とF子さんに切実な表情で質問された。Coは〈実は自分も若い頃、過敏性腸症候群であったことがある〉とF子さんに自己開示を行った。F子さんは黙ってCoの話に耳を傾けていた。そして最後に「何となく先生（Co）も同じような病気であったことがあったのではないかと思っていました」とF子さんが語った。その真剣な中にも安堵の色と共感を含んだ表情からF子さんの中に何か感じるものがあったようにCoには思えた。

第10回（X年11月下旬）

F子さんによれば「前回の面接により、何かが吹っ切れた」という。F子さん「先生に叱られた時間にも堂々と出席できるようになりました。叱られた先生とも視線を合わすことができるようになりました。何かあれば友人が助けてくれますし、本当に具合が悪くなったら、居直って教室を出て行こうと思います。そう思って生活していると、薬の服用は続けていますが、症状は出なくなりました。また、今まで忘れていましたが、前期は自分なりにが

んばって単位が取れていました。それが自信となって、後期もがんばってい
ます。心に引っかかっていた開始後ドアの鍵を閉める授業もどうにかクリ
アーできるようになりました」。F子さんは、表情も明るく、生き生きとし
ていて、病気のこと以外でも、うまく学生生活が過ごせているのだろうと推
察された。

第11回（X年12月上旬）・第12回（X年12月中旬）

　最後の２回の面接は、これまでの面接のまとめのようなことが、F子さん
によって、誕生までさかのぼって、次のように話された。F子さん「誕生し
てから弟が生まれる３歳までは、助産師である母親は、初めての子どもとい
うこともあり、育児休業でずっと家にいました。今までの私（F子さん）の
人生で母を独占できた幸せな短い時間でした。弟が生まれてからは、母は仕
事に復帰して、私（F子さん）は弟と共に保育園にあずけられました。ここ
から孤独が始まりました。小学校時代は、弟は学童保育でしたが、自分（F
子さん）は放課後すぐに家に帰り、お稽古事も一人で行っていました。小学
校４年生から６年生までは弟の付き添いで町の剣道場に通いました。とにか
く寂しさを紛らわすためにがむしゃらにお稽古事に邁進しました。中学校に
入り剣道部に所属しました。女子部員が少なく、経験者でもあったので、す
ぐに選手に選ばれました。それによって帰宅も遅くなりました。毎日疲労困
憊で頭が常にボーとしていました。そのような中学時代でしたが、学校の宿
題で親の仕事を調べるというのがあり、母親の看護師・助産師という仕事に
ついて初めて詳しく聞くことができました。この経験により自分（F子さん）
も将来、看護師・助産師になりたいと思いました。中学までは運動クラブで
大変だったので、高校はブラスバンドに入部しました。サックスを担当して、
生まれて初めてクラブが楽しいと思えました。そして、受験のシーズンに
なって周りの友人たちが推薦でいち早く大学合格を決めていく中で、国公立
を目指していた自分（F子さん）は、なぜか焦りだし、高校３年生の秋頃か
ら過敏性腸症候群の症状が出てきました。そのせいだけではないのですが、

その後、センター試験の結果が思わしくなく、私立志望に切り替えました。本当なら家から通える大学と思っていたのですが、家から遠い、この大学に入学しました。母の知り合いの人の娘さんが自分（F子さん）の志望していた地元の国公立大学に合格しました。母にその人と比較されたりしたことは一度もないのですが、自分（F子さん）の方に引け目があり、母に対して素直になれないところがありました。しかし、先日、家に戻った時、過敏性腸症候群のことはすでに父親から聞いていたようなのですが、高校３年生の秋から今まで如何に苦しかったかを母に話すことができました。母は私（F子さん）の話を聞きながら泣いていました。『赦してちょうだい』と何度も言いました。私（F子さん）は、そのような母の姿を見ていて、今までの苦しさがいっぺんにどこかへ飛んでいくような気がしました。先生（Co）にもお世話になりました。これからはどうにか一人でやっていけそうです。本当にありがとうございました」。

　以上の話をCoはただ黙って聴いていた。そしてF子さんの成し得たことに心からの敬意を表しながら面接を終結することにした。その後のF子さんは時々、面接室に遊びに来た。来るたびに成長している姿がうかがえ、Coも本当に嬉しかった。なお、F子さんは優秀な成績で大学を卒業した後、故郷の病院で看護師として働いている。

4．考　察

　本事例に関して、F子さんとの具体的面接経過を通して、「入学期」の学生への支援の方法について、考察を行いたい。

　第１回目の面接では、F子さんは入室して挨拶が済むなり、去年の秋頃、ちょうど受験シーズンに「過敏性腸症候群」になり、それが大学入学後も続いていることを話した。また、「大学でも時々授業中におなかが痛くなること」「でも医者には行っていないこと」「症状が出たらひたすら耐えるだけで

あること」などが語られた。

　過敏性腸症候群などの心身症の場合、一般的には、その原因となるストレス（例：Ｆ子さんの場合で言えば受験のプレッシャー）が緩和されると徐々に症状も軽快していく傾向がある。しかし、Ｆ子さんの場合、新しい環境になり、症状が悪化もしていないが軽快もしてもいない。ほとんど横ばいの状態であった。ここから過敏性腸症候群の原因は受験期のプレッシャーだけではないのではないかと想像された。初めて見たＦ子さんの姿が異様に幼く感じたのもＣo側が気になるところであった。

　第１回目の面接では続いて「両親に経済的負担をかけたくないので、本当は地元の国公立に行きたかったが、行けなかったこと」「母が看護師・助産師で自分（Ｆ子さん）も看護師・助産師を志望していること」などが、にこやかにそして明瞭な口調で話された。初見の中学生のような印象もＦ子さんの話を聴く中で年齢なりのイメージにＣoの中で修正されていった。

　第２回目は、Ｆ子さんの授業の都合で約１か月ぶりの面接になった。週末に実家に戻り、父親と学生生活について話をしたという。Ｃoが〈お母さんとは？〉と聞くが、Ｆ子さんは「母には話せません」と言い、続けて次のように胸の内を語る。自分と同じ看護の道を歩もうとしている娘の姿に喜んでいて期待もしている母親だが、愛情の示し方が友人の母親とは違う。友人の母親は、まず身体を心配して食料などを送ってくるが、Ｆ子さんの母親は看護関連の本などを送ってくる。Ｆ子さんにとって母親から本が送られてくるたびに、「勉強しろよ」とプレッシャーをかけられている感じがする。Ｃoは、これが過敏性腸症候群の原因の一つではないかと考えたが、Ｆ子さんに子ども時代のことを尋ねても、事実関係は述べ、「とにかく忙しかった」とは語るが、それに対する気持ちや友達の記憶が欠落しているＦ子さんの姿にＦ子さんが背負っているものの大きさを感じていた。

　第３回前後からＣoの紹介で、Ｆ子さんは日頃よりＣoが連携している心療内科医Ａ医師の元に通うようになる。あわせて投薬も受けるようになる。それに伴い、Ｆ子さんの体調は全般に良くなっていったが、Ｆ子さん自身が

「嫌だなぁ」と思っている幾つかの授業の前になると、授業中の腹痛が予想され、食事を意図的に抜かしたりしていると語る。

　なお、他のケースでも同様だが、Coは医師（特に精神科医・心療内科医など）と連携する場合は、クライエントに中途半端な治療的かかわりをしないようにしている。また、身体面・治療面のクライエントの質問にも、仮にCoが答えられるものでも、医師の方に聴くようにクライエントに伝えている。これは医師とはっきりと役割を区別することで、クライエントの無用の混乱を避けるためである。この場合の医師の役割とは、服薬コントロールを含めた身体的治療的ケアである。一方、Coの役割とは、徹底した傾聴と適宜の自己開示を中心とした心理的ケアである。これらの両者の役割と働きが車の両輪となり、クライエントの身体と心を下で支え、さらにクライエントが自身の力で自らの学生生活を肯定的方向に移行させていくことに繋がっていくとCoは考えている。

　第3回は続けて〈なぜ母親に病気のことを言えないのか〉の話になった。F子さんによれば「忙しい母に余計な心配をかけたくないという気持ちも本当だが、それ以上に弱いところを見せたくないということもある。中学・高校時代、母に身体の不調を訴えても『心を強くもって』と言われてしまっていた。将来母と同じ看護師・助産師の仕事をしたいと思っているので、母が言うように『自己管理ができない人は医療職に向かない』という言葉への挑戦でもある」という。Coが〈もう少し素直になったらいいんじゃないのかな〉と言うと、F子さんは沈黙してしまった。気まずい時間が暫く流れた後、Coは自分の母親が産婦人科に勤務していた話をした。F子さんは興味深げにそれを聴いていたが、特に〈普通に生まれることが当たり前に思われているが、元気に生まれるまでは本当に誰もが心配する〉というCoの母親の言葉にF子さんは深く頷いていた。

　F子さんの母親は仕事に忙しく、F子さんの子ども時代、母親に十分に関わってもらえなかった。甘えたい時も甘えられなかった。思春期に何かを相談したい時も相談できなかった。それによりF子さんは「見捨てられ不安」

を抱くようになったのではないかと推察された。それゆえ、F子さんは、両親、特に母親に対して「弱み」や「迷惑」を極力かけない「よい子」として育った。しかし、その涙ぐましい努力も、精神的に無理に無理を重ねたため、高校3年生の秋、受験のプレッシャーが高まったことをきっかけとして、身体的に過敏性腸症候群として発病してしまったのである。

　第4回目、F子さんは、嬉しそうな表情で、同性の親しい友人ができたことを報告してくれた。その友達には授業中の腹痛の件も話していて、心から同情してくれ、授業中、気にかけてもくれる。「それが本当に嬉しい」とF子さんは語る。続けてF子さん「その友達に勇気付けられて、週末、実家に戻った時、父に自分の状態を伝えた。父は心より心配してくれて、自分の気持ちをわかってくれた」という。しかし、母親には話せなかった。最近、高校3年生の時に母から「精神的なものは病気と認めない」と言われ、ショックだったことを思い出した。F子さんが「先生（Co）はどう思いますか？」と聞く。Coは〈今、無理にお母さんに病気のことを伝えなくてもよいのではないかと思う。いつかF子さんが話そうという気になれた時に話せばいいんじゃないのかな〉と答える。

　それに対してF子さんは「いつも内心考えていたのですが先生はアバウトですよね。それがいいんですけど。『いい加減』じゃなくて『よい加減』なのですね。（笑い）」と言う。Coは内心、F子さんも、ある程度「いい加減」になって、結果「よい加減」になってくれないものかなと考えていた。この後、大学は夏休みになる。次回は10月を予約してF子さんは帰っていった。

　第5回目は、夏休み明け初回の面接であった。F子さんは「前期でだいぶ一人暮らしの生活のペースを掴んできていたが、夏休みに実家に帰ったら元に戻ってしまった。大学に帰ってきても調子が出ない。そのかわり、授業中の腹痛も起きない。不思議なものですね」と笑う。帰省中、前に打ち明けた父親には病気のことを含めていろいろと相談できたが、母親にはやはり話すことができなかったという。

　また、久しぶりにA医師の元に行ってきたという。A医師の話によれば

「現在処方されている薬には依存性があり、決められた以上に飲むと逆効果である」とのことだった。F子さんは現実には腹痛はほとんど起こらなくなっていたが、薬を飲んでいないと授業中など不安なので一応決められた量だけ、薬を飲んでいる。ただし、授業開始時間を過ぎると、教室に鍵をかけてしまう先生がおり、F子さんは遅刻しないのだが、遅刻して教室に入れない人がいると、見ていて不安がこみ上げてくることがあるという。この回、Coは心の中でF子さんの言葉を反芻しながら傾聴に終始する。

　第6回から第8回では、ほぼ第5回に話された内容が繰り返された。F子さんに過敏性腸症候群の症状はほとんどでなくなっていた。

　しかし、第9回では、F子さんは過敏性腸症候群の状態に再びなってしまった。それはある授業で腹痛になり先生の許可をもらってトイレに行ったが、教室に帰ってくるなり、その医師でもある非常勤の先生に「自己管理ができない者は医療者にはなれない」と強く言われたことがきっかけだった。その後、大丈夫だった授業でも予期不安が高まり、その状態で授業にのぞむと、必ず腹痛が起こるようになってしまった。

　通院の際にA医師に、そのことを相談すると、A医師は「それはタイミングが悪かったね。すべての医者が、その怒った先生みたいじゃないからね。大丈夫。大丈夫」と言ってくれた。その言葉に安心したが、腹痛の不安はゼロにはなっていないという。「どうしたらよいでしょうか？」とF子さんに切実な表情で質問された。

　Coは〈実は自分も若い頃、過敏性腸症候群であったことがある〉とF子さんに自己開示を行った。F子さんは黙ってCoの話に耳を傾けていた。そして最後に「何となく先生（Co）も同じような病気であったことがあったのではないかと思っていた」とF子さんが語った。その真剣な中にも安堵の色と共感を含んだ表情からF子さんの中に何か感じるものがあったようにCoには思えた。Coは内心、この回の自己開示がF子さんにとってプラスに働くことを心から祈っていた。

　第10回では、F子さんによれば「前回の面接（第9回）により、何かが

吹っ切れた」という。F子さん「先生に叱られた時間にも堂々と出席できるようになった。叱られた先生とも視線を合わすことができるようになった。何かあれば友人が助けてくれるし、本当に具合が悪くなったら、居直って教室を出て行こうと思う。そう思って生活していると、薬の服用は続けているが、症状は出なくなった。また、今まで忘れていたが、前期は自分なりにがんばって単位が取れていた。それが自信となって、後期もがんばっている。心に引っかかっていた開始後ドアの鍵を閉める授業もどうにかクリアーできるようになった」。F子さんは、表情も明るく、生き生きとしていて、病気のこと以外でも、うまく学生生活が過ごせているのだろうと推察され、Coも嬉しかった。そして、Co自身の過敏性腸症候群の体験も自身の中で消化＝昇華されていく感じがした。

　最後の２回の面接（第11回・第12回）は、これまでの面接のまとめのようなことが、F子さんによって、誕生までさかのぼって、次のように話された（これはF子さん自らが今まで生きてきた道を振り返って「考察」し、さらに「未来」に向かって生きていく「宣言」をしたものだと思うので、長いが「面接の経過」から以下に引用する）。

　F子さん「誕生してから弟が生まれる３歳までは、助産師である母親は、初めての子どもということもあり、育児休業でずっと家にいた。今までの私（F子さん）の人生で母を独占できた幸せな短い時間であった。弟が生まれてからは、母は仕事に復帰して、私（F子さん）は弟と共に保育園にあずけられた。ここから孤独が始まった。小学校時代は、弟は学童保育だったが、自分（F子さん）は放課後すぐに家に帰り、お稽古事も一人で行っていた。小学校４年生から６年生までは弟の付き添いで町の剣道場に通った。とにかく寂しさを紛らわすためにがむしゃらにお稽古事に邁進した。中学校に入り剣道部に所属した。女子部員が少なく、経験者でもあったので、すぐに選手に選ばれた。それによって帰宅も遅くなった。毎日疲労困憊で頭が常にボーとしていた。そのような中学時代だったが、学校の宿題で親の仕事を調べるというのがあり、母親の看護師・助産師という仕事について初めて詳しく聞

くことができた。この経験により自分（F子さん）も将来、看護師・助産師になりたいと思った。中学までは運動クラブで大変だったので、高校はブラスバンドに入部した。サックスを担当して、生まれて初めてクラブが楽しいと思えた。そして、受験のシーズンになって周りの友人たちが推薦でいち早く大学合格を決めていく中で、国公立を目指していた自分（F子さん）は、なぜか焦りだし、高校3年生の秋頃から過敏性腸症候群の症状が出てきた。そのせいだけではないのだが、その後、センター試験の結果が思わしくなく、私立志望に切り替えた。本当なら家から通える大学と思っていたのだが、家から遠い、この大学に入学した。母の知り合いの人の娘さんが自分（F子さん）の志望していた地元の国公立大学に合格した。母にその人と比較されたりしたことは一度もないのだが、自分（F子さん）の方に引け目があり、母に対して素直になれないところがあった。しかし、先日、家に戻った時、過敏性腸症候群のことはすでに父親から聞いていたようなのだが、高校3年生の秋から今まで如何に苦しかったかを母に話すことができた。母は私（F子さん）の話を聞きながら泣いていた。『赦してちょうだい』と何度も言った。私（F子さん）は、そのような母の姿を見ていて、今までの苦しさがいっぺんにどこかへ飛んでいくような気がした。先生（Co）にもお世話になりました。これからはどうにか一人でやっていけそうです。本当にありがとうございました」。

　以上の話をCoはただ黙って聴いていた。そしてF子さんの成し得たことに心からの敬意を表しながら面接を終結することにした。F子さんは、自分の今までのことを単なる事実の回想ではなく、感情を込めて実感として振り返り、両親、特に母親との和解、そして両親と相互に理解し理解される関係に至り、その後のF子さんは、「今、ここでの」学生生活を大事にしながら、将来の希望や目標に向かって歩んでいかれた。その姿は、面接終了後もF子さんが時々、面接室に遊びに来たことによって垣間見えた。来るたびに成長している姿がF子さんにうかがえ、Coも本当に嬉しかった。なお、F子さんは優秀な成績で大学を卒業した後、故郷の病院で看護師として働いている。

5．おわりに —まとめに代えて—

　吉良（2001, pp.12-23）では、入学期の特徴を次の7点にまとめている。①受験生としての心理的課題を終わりにすること、②入学前の生活や人間関係に別れを告げること、③新しい生活環境・就学環境に慣れていくこと、④内発的な修学意欲が問われる、⑤人間関係を築いていくこと、⑥大学生活の目標と将来像の模索、⑦自分のあり方や性格に向き合い新たな自分を探し始めること。

　これらの視点から本事例をまとめるとすると、次のようになる。

　①に関しては、当初、地元の国公立に進学できなかった「負い目」をF子さんはもっていたが、両親、特に母親との関係を修復していく中で、先行きが不透明な「受験生」から、将来を見据えて着実に歩む「大学生」に、心理的に成長している。

　②③に関しては、一人暮らしを始めたF子さんは戸惑いながらも徐々に新しい生活に順応していった。過敏性腸症候群というハンディがあり、毎日が苦しいことの連続だったF子さんだったが、保健室の看護師、A医師、そして両親などに支えられて、入学期を乗り越えていった。本来、かなりの力をもつF子さんの本来の能力が外に現れたといった印象も持った。

　⑤に関しては、親友と呼べるような同性の友人ができ、その友人の勧めによって、実家に帰省した折、両親と話すことが徐々にできるようになった。決して多数ではないが、親しい身近な人々との関係の構築、そしてその深まりは、F子さんに大学生活を充実して送れるエネルギーを与えていったと思われる。無論、ここには家族との関係も含まれる。

　④⑥⑦に関しては、もともとの志望の学部に入学したF子さんにとって、問題は「本当に自分にとってこの道でよいのか」ということだった。面接の最後に、そもそも看護を志望した理由が感情を伴って振り返られた。それは同時に母との関係の修復を意味していた。また、上記の証左として、自分の

内側から起こってくる「やる気」から再び看護の勉強に挑戦していったF子
さんは、その後、優秀な成績で大学を卒業し、今は地元の病院で働いている
ことが挙げられるだろう。

【文献】

吉良安之（2001）「入学期の特徴」鶴田和美（編）『学生のための心理相談——大学カウン
　セラーからのメッセージ』培風館、pp.12-23。

鶴田和美（2001）「学生生活サイクルとは」鶴田和美（編）『学生のための心理相談——大
　学カウンセラーからのメッセージ』培風館、pp.2-11。

LD（学習障害）における「二次的障害」への
支援の方法について
─非言語性LDをもつ男子学生とのかかわりを通じて─

1．はじめに ─問題の所在─

　「学習障害」（learning disabilities：以下LDと略）とは、認知過程（情報処理過程）の障害を代表的な特徴とする発達の部分的な機能障害により、学習上の困難を生じている状態を指す（佐藤 2004）。「学習」（learning）とは、LDに特化して言えば、1つには特にアカデミック・スキルとかかわる「聞く、話す、読む、書く、計算する又は推論する能力の形成」を言い、2つには「人間関係をつくる・手段や段取りを考える・状況判断をする・手先や身体を使うといった能力の形成」を言う。学習障害の分類においては、上記の2つの学習上の障害を複合してもっている場合もあるが、前者の学習能力に障害をもっているLDを「言語性LD」（verbal learning disabilities）、また後者の学習能力に障害をもっているLDを「非言語性LD」（nonverbal learning disabilities）とし区別する考え方もある。

　前者の言語性LDは、読みの正確さと理解力について困難が生じる「読字障害」（reading disorder）、基本的な計算力に習得の困難を伴う「算数障害」（mathematics disorder）、文字を正確に書くことに困難がある「書字表出障害」（disorder of written expression）などが含まれる。また後者の非言語性LDは、その基礎に、視空間認知の障害を中核とする、空間構成能力・時間感覚・方向感覚・身体部位の知覚・触知覚・社会的文脈の理解不足・対人

関係における身振りや表情の認知など、アスペルガー症候群（Asperger's syndrome）や高機能自閉症（high functioning autism）を代表例とする高機能広汎性発達障害（high-functioning pervasive developmental disorder）と類似の状態が見られ、そのような認知障害がある結果、外から観察できる行動特徴から見れば上記のような状態が生じている。

　LDの大学入学者を想定する場合（西本 2003）に関して言えば、言語性LDは、それまでに十分な支援が得られていれば、自分なりの学習方略を身につけている場合も少なくない。これは「読み・書き・算数」といった学習上の困難が発達段階の比較的初期に養育者や教育者などの目に留まりやすく、現状として不十分な面もあるが、特別支援教育における援助を比較的受けやすいからだと考えられる。したがって、中等教育修了までの教育において本人をきちんと支援し、また大学入学後には、当該学生のもっている学習方略を最大限に活用しながら、基本的に日常生活には問題はないので、無論困難なことも多々あるが、大学の学習環境を可能な限り本人が適応しやすいように整えれば良い結果を得られやすい。

　一方、非言語性LDの場合、ペーパーテストではかなりの得点が得られる場合が多く、問題を抱えつつも大学入学前に特別支援教育の範疇に入ることは少ない。しかし、「人間関係をつくる・手段や段取りを考える・状況判断をする・手先や身体を使う」といった非言語性学習は、日常生活を送るに当たって必要不可欠な能力であり、さらに言えば言語性学習発展の基礎をなしていると言ってもよい。その意味で、大学入学後の人間関係をうまくつくれなくて孤立したり、また演習や実習や討議、レポート提出、卒業研究など、非言語性学習能力と言語性学習能力との両方を必要とする活動についていけなくなったりすることもある。このようなことから「二次的障害」（secondary disorder）を起こすLD学生もいる。

　LDを含む発達障害（developmental disorder）は一般に「非進行性」であり、最初の状態（「一次的障害」（primary disorder）と呼ぶ）以上に障害が悪化することがないと言われている。しかし、非言語性LDの場合は、も

ともともっている一次的障害が「人間関係をつくる・手段や段取りを考える・状況判断をする・手先や身体を使う」といったことへの困難性に対して、できるだけ初期から有効な支援が行われない場合、特に思春期以降に「二次的障害」が起こる場合がある（日本LD学会・上野・森永 2001）。それは例えば「自尊心の低さからくる行動」「反抗」「社会的不器用さ」「ひきこもり」などの状態である。なぜこのようなことが「二次的に」起こってくるかと言うと、LD児・者の知的レベルが概ね優秀か通常あるいは境界上に保たれており、自分の置かれている状況がかなり理解できるからである。

　特に思春期までに、対人関係のトラブルや、周りの人に怒られる体験が続くと、「自分はだめなんじゃないか」という「自尊心の低下」が起こることがある。そのような自尊心の低さから起こってくる行動としては、例えば、物事を最後までやり通せない、学校を嫌がる、宿題をやらない、テレビ中毒、ネット中毒、他者への誹謗 中傷などが考えられる。これらと関連して、さらに「反抗」として、かんしゃく、短気、怒りっぽい、悪口、他人のせいにするなどの行動として顕在化するときもある。また自尊心の低下はもともともっている「社会的不器用さ」に関係し、友人関係がうまく保てない、孤立、いじめの対象になる場合がある。さらには自分の殻に閉じこもり「引きこもり」状態になることもある。これらはより早期からのLD児・者に対する一貫した支援、特に家庭・学校・地域社会における「環境調整の必要性」が叫ばれる根拠の一つとなっている。

　以下、本章では、非言語性LDをもつある男子学生への援助過程を詳細に検討していくことにより、LDにおける「二次的障害」への支援の方法について検討を行いたい。

2．事例の概要

クライエント：G君、4年制総合大学・文系学部1年生、男性、21歳。

主　　訴：学生寮に引きこもっていて、大学の授業に出てこない（＊面接
　　　　　1年目の精神科受診により、人間関係をつくる・手段や段取りを
　　　　　考える・状況判断をする・手先や身体を使うといった能力の形成
　　　　　に関わる「非言語性LD」であることが判明)。

家族構成：父、52歳、工場を経営。母、50歳、パート勤務。姉、24歳、
　　　　　大学の3年生。G君。妹、18歳、専門学校の1年生。以上、5人
　　　　　家族。

生 活 歴：G君は、ある地域にて出生、大学入学時まで、その地域から他
　　　　　の地域に出たことがなかった。乳幼児期には何も問題なく過ごす。
　　　　　　小学校時代から中学時代は、文章を構成する力が弱いので「作
　　　　　文」が苦手、手先が不器用なので「図画工作」「美術」「技術家庭」
　　　　　が苦手、音楽のリズムに合わせることができないので「音楽」が
　　　　　苦手、ぎこちなくしか体を動かすことができないので「体育」が
　　　　　苦手であった。また、中学に入り、パートに分かれての会話練習
　　　　　などがある「英語」も苦手であった。
　　　　　　以上のような点が小学校高学年から顕著になり、特に、細かい
　　　　　作業が極端にできない、先生の言葉だけの説明では理解できない、
　　　　　ノートにまとめられないなどのことがあり、心配した両親が小児
　　　　　科医院にG君を連れて行ったところ、医師からLDを指摘され、
　　　　　それ以降、週1回のペースで高校卒業まで、病院は替わりながら
　　　　　も通院を続けた。

　ただし、Ｇ君が育った環境が、場合によっては保育所から中学くらいまで、クラスは違うにしろ、同学年の友人が、ほぼ同じメンバーの顔見知りであることからか、中学時代までは「いじめ」はなかった。なお、高校までを通して、国語・数学（算数）・理科・社会のペーパー試験は平均以上の成績を取っていたので、高校に入っても先述の科目や活動はやはり苦手であったが、勉強面での遅れは特に指摘されていなかった。また、中学までは運動会や文化祭、修学旅行にも仲間はずれにされず楽しく参加できていた。そういうこともあり、Ｇ君に自分がLDであるという明確な認識が生まれにくかった。

　高校（公立・男女共学・進学校）は、さまざまな地域から生徒が集まってくるので、顔見知りの生徒が数人になってしまい、入学後、体の動きやしぐさが操《あやつ》り人形みたいであるという理由から数名の生徒からからかわれるようになる。その後、３年生の初めくらいまで、執拗にからかわれ続けた。それに対して、周囲の生徒は傍観者でニヤニヤしながら見ているだけだった。友達もできず、成績も伸び悩み、自己肯定感が低下する中、Ｇ君は孤立していった。そして、あることの誤解から３年生の１学期に暴力的ないじめを受け、ショックを受けたＧ君は不登校状態となり、高校を１年間休学した。

　この事件以来、放心状態となっていたＧ君を心配して、両親は幾つかの医療機関に連れて行った。その内、大学病院の精神科ではLDを再び指摘されたが、成績も平均以上で特に勉強面で問題のないＧ君だったので、本人は、投薬を受けながらも、その診断に依然として納得できなかった。したがって、薬効を確かめる時間もなく、短期間で薬を飲むのをやめた。そして、翌年２回目の３年生をどうにか終え、高校を卒業した。

　しかし、大学受験の方は、悉《ことごと》く失敗に終わり、自宅からフェ

リーで約1時間半の距離にある予備校に通うこととなった。そこでは友人もでき、未来に向けた希望もあり、充実して1年間を過ごした。ただ、希望の医学系大学には合格できなかった。唯一滑り止めで受けたある大学の文系学部に追加合格し、欠員が生じたので、不本意ながらG君は入学を決意し、生まれてはじめて故郷から遠く離れて、一人暮らしの大学生活を始めた。

　入学後、G君は大学から500mくらいの距離にある学生寮に入り、そこから大学に通うようになった。しかし、新入生対象のオリエンテーションに参加せずに、いきなり科目登録だけを済ませて、幾つかの授業に出てみたが、どの授業にも興味がもてず、勉強の方法もわからず、悩んでいるうちに、学生寮に引きこもるようになった。

支援の概略：当初の支援目標は、まず「引きこもりからの脱却」であったが、本人との面接を重ね、また医学的な確定診断（非言語性LD）や、ご両親や担当教員・職員からの情報提供などにより、面接1年目の後期には、G君の状態はもともともっていた非言語性LDが不幸にも見落とされたことによって起こっている「二次的障害」であることが明確になった。また、面接1年目を通して「包括的アセスメント」を行い、その結果により、2年目からの支援は、日常生活支援を先行させつつ、そこに学習支援も適宜織り込んでいく形にし、全面的な日常生活支援があまり必要なくなった3年目からは学習支援に重点を置き、援助を行った。

3．面接の経過

　クライエント（以下、Clと略）であるG君と大学カウンセラー（以下、
Coと略）である筆者との面接は主として学生相談室において週1回1時間
のペースで、X年7月からX＋4年3月までの約3年9か月にわたって90回
続けられた。ここでは、面接経過をG君の入学1年目・2年目・3年目・4
年目の4期に分けて記述する。なお、Clの言葉を「　」、Coの言葉を〈　〉
で記す。また、♯は面接の回数である。

第1期：引きこもりからの脱却へ　―相談室登校―
　　　（♯1～♯19、X年7月～X＋1年2月）

　［♯1］（7/12）　　初回面接。保健室からの紹介でG君が来談。G君は、大
学の授業に興味がもてず、ほとんど出ておらず、学生寮に閉じこもっている
という。確かに顔色が青白く、生気がない。また、全体に痩せていて、頬が
こけている。体の動きが操り人形のようにギクシャクしていて、歩くときに
は、どちらかの方に傾いている。話し方は独特の手振りを伴って流暢だが、
一方的に話すだけで、Coが言葉を挟むことが難しい。前節の「生活歴」の
ところに書いたことを、あまり抑揚をつけず、同じ内容を繰り返して話す。

　［♯2］（7/16）　　事前に「保健室にはよく顔を出すが、授業には出ていな
い状況が続いている」との報告が保健室よりあり。来談したG君に、その事
を聞くと、もともと不本意入学の上、「授業に興味がもてない」「（高校時代
のいじめを思い出すので）不良のような格好をして騒いでいる学生がいると
授業に出づらい」「男性教員で長髪を後ろで縛って馬の尻尾のようにしてい
る人がいると、生理的な嫌悪感を感じて、その授業は出られなくなる」など
と答える。

　続いて高校時代のいじめの話になる。「高校3年生の時、不良のような同
級生から『体育館で俺の制服を放り投げて捨てたな』と因縁をつけられ、締

め上げられた。あまりにひどくされるので、本当はやっていないのに『やった』と認めてしまった。そうしたら馬乗りになって上から殴られた。同級生も数人いたが、誰も助けてくれなかった。惨めだった。悔しかった。殴った方は、その後、停学になったが、その子への怒りよりも周囲の子が、そのとき助けてくれなかったばかりか、後で『おまえもやられるだけの理由がある』と口々に言われたことがショックだった。そのことで学校に行けなくなり、結局1年留年した」。今回の話は感情がこもりCoの心に響いた。この回は黙ってG君の話に耳を傾けた。

[#3]（7/23）　G君は開口一番、「保健室の勧めで精神科医院を受診しているが、診断書をもらってきた。Coに見てほしい」と言う。診断書を見ると、「非言語性LD」とあった。続いてG君から「先生（Co）はどう思いますか？」と尋ねられたので、Coは〈自分は医師ではないので診断はできないけれども、もし君（G君）の課題になっている点が明確になるのなら、非言語性LDということを調べてみるよ〉とだけ答えた。

話題が変わり、授業の話になった。「前期はもう授業がないので、後期（10月）から心機一転やり直したい。学生寮は大学に近すぎて、かえって授業に出づらくなるので、大学から離れたところに引っ越したい」とG君は語った。それに対してCoは〈性急に結論を出すのではなく、夏休み中よく考えてみてほしい〉とだけ言い、お互い元気で新学期会うことを約束する。この回からはG君が一方的に話すことが少なくなり、Coも適宜発言し会話が成立するようになった。

[#4]（10/7）　夏休み明け初回。Coは夏休み前の宿題だった非言語性LDについて調べてきたことをG君に伝える。特に「人間関係をつくる・手段や段取りを考える・状況判断をする・手先や身体を使うといった能力の部分的障害」という点については納得できたようで、「それではどうしたらよいのか？」とCoに尋ねてきた。Coは、第1に通院と服薬を続けること、第2にゆっくりでもいいから着実に前進するために学生寮にばかり閉じこもっている生活をやめること、第3に入学後55kgから47kgに落ちた体重を元に

戻すことを提案する。G君は「それならできそうだ」と意欲を見せる。

　［♯5］（10/21）　G君「大学に近すぎて却って辛い。やはり寮を出たい。特に今通っている病院の近くに」。

　［♯6］（10/28）　G君「別の文系学部に転学部し1年からやり直したい。今の学部の担当教員や親にも話して了承を得た。もしかなわねば、この大学にいる意味がない」。CoはG君が、どうにか環境を変えることで「引きこもり」を脱却しようとしていると感じ、ひとまずは黙って傾聴を続けた。

　［♯7］（11/11）　G君「病院から出されている入眠剤の効果が薄いばかりか、昼間、頭がふらふらするようになった」という。Coは次回の通院日に担当医によく相談するようにアドバイスする。

　［♯8］（11/18）　G君「最近体調が悪く、食欲もないため、体重も50kgより増えない。自炊もしたことがないので、いつもコンビニ弁当かインスタントラーメンだ」。Co〈自炊にチャレンジするのもいいが、まずは栄養補給が必要〉と話し、手作り弁当の店を紹介した。その後G君は、その店を利用するようになり、体重も50kgまで回復した。

　この後、［♯13］（1/11）までは、以上の話の繰り返しだったが、［♯14］（1/14）に新たな展開があった。受診の時、担当医からG君は「何のために来ていると思いますか？」と言われ、「もう来なくてもいい」という意味に解釈した。Coは再度、担当医と話すことを提案し、その点の誤解は解けたが、Coは、G君の受診の動機付けを高めるために言った担当医の言葉を、G君が自分本位に解釈している姿に先行きの道の険しさを感じた。

　［♯15］（1/20）、［♯16］（1/27）　転学部が難しいと学部長に言われ、ショックを受けた様子のG君。

　［♯17］（2/3）〜［♯19］（2/17）　学生寮を出て下宿に移る話。その後、別の文系学部1年次への転学部（3月中旬）も転居（3月下旬）も両方成功する。電話での報告も生き生きとしていた。

　第1期を通して、G君は、まずは「引きこもり」の状態から脱し、自尊心も徐々に回復し、授業には出られないが、相談室にはコンスタントに来られ

るようになった。小・中の不登校で「保健室登校」という形態があるが、G君の第1期の状態は「相談室登校」といった感じだった。転学部や転居といった環境を変えたことが今後のG君にプラスに作用することをCoは祈った。

　また、G君に関する「包括的アセスメント」を1年目に行った。その結果、第1に、「視空間認知能力」に関してはほぼ問題はないが、他者刺激（人の刺激）に敏感であった。第2に、「記憶」に関しては、聴覚入力よりも視覚入力の方がよく、言語の理解・表現、空間記憶は適応域、短期記憶・長期記憶も適応域であった。第3に手をパタパタさせるなどの「微細運動」（細かな身体の動き）はないが、座っていてモジモジと落ち着かない様子の時があり、「手先」は不器用であった。第4に「実行機能」に関しては、概念形成・課題解決・体制化・プランニング・言語的推理は適応域である一方、非言語的推理・柔軟性・自動的処理に関しては多少の難があった。第5に「注意」に関しては、聴覚刺激・視覚刺激に対して共に過敏だが、関連情報と非関連情報の区別に関しては適応域であった。

　このことにより明確化され、その後の支援の方向性を考えるのに有用だった事柄は次の3点である。

①「非言語性LD」であるとの医師の確定診断があるが、「言語性LD」の要素も部分的にはある。

②「非言語性LD」の面では次のような傾向がある。
　・人の刺激に敏感なので、なかなか自分から対人関係を結ぼうとはしないが、だんだん慣れてくれば特定の人であればつきあえる。
　・手段や段取りに関してメモ、パソコン、携帯電話、電子手帳などを使って視覚化すると比較的本人は動きやすい。
　・突然の予定変更には戸惑うことが多いが、休講や教室変更程度なら対応可能である。

・手先や身体を使う活動は彼が現在受けている教育の中では、あまりハンディにはならない。

③「言語性LD」特にアカデミック・スキルに関わることでは次のような特徴がある。

　　・「何でも自由に書け」と言われると途端に書けなくなる。むしろ本人にとっては明確な課題が与えられる方がよい。

　　・他の学生との共同学習は不得意だが、与えられた課題は比較的きちんとこなす。

　　・パソコンを使って何かを調べたりレポートを作成したりすることは比較的得意である。

　以上の①から③の点は、第2期以降のG君への支援の中で生かされていった。

第2期：転学部・転居して心機一転 ―日常生活支援を中心に―
**　　　　（＃20〜＃40、X＋1年4月〜X＋2年2月）**

　第2期では、週1回の相談室来談による精神的支援に加えて、本人（G君）、学生相談担当者（Co）、学部担当教員や保健室員、保護者などが参加した連絡会を4回（5/19・5/20・9/25・1/15）開催し、G君に関する正しい情報の共有と、今後の支援が話し合われた。

　新学期、心機一転して、G君は当初すべての授業に参加してみた（［＃20］＝4/14）。しかし、特に人前で会話練習をしなくてはいけない「英語」の授業につまずき、徐々に学部の他の授業にも興味がもてなくなり、大学には来ているが授業には出られない状態になった。また、G君は大学での友人が一人もできないことにも悩んでいた（［＃22］＝5/12）。

　そのようなG君の状態を心配した学部長と担任教員がCoに連絡をくださり、［＃23］（5/19）の面接で本人も交えて話し合いを行った。CoはG君の許

可を取った上で非言語性LDというハンディを説明し、教員側は「やる気が
あるのならばできる限りのサポートをする」「いっぺんにフルにするのでは
なく、何かやりたいことを見つけて、できるところからはじめよう」「食事
をきちんとして体調を整えよう」など本人を励ました。G君も、それに応じ
て「板書やプリントがあればよいが、先生の話を直接ノートするのが難しい」
「興味をもてない、あるいはぜんぜん理解できない科目がある」「突飛な格好
をしている教員や学生がいると、それを見ただけで教室を出たくなる」と自
分の状態を先生方に伝えた。詳しくは翌日（5/20）行われた第2回の連絡
会でさらに検討された。

　第2回の連絡会は、学部長・学年主任（医師）・学年担当教員・学生委
員・学生相談員（Co）・保健室員の6名が参加して、前もってG君に了承を
受けた上で、G君のハンディ（非言語性LD、学習上でのつまずき、日常生
活での困難）に関する正しい情報の共有を行い、今後の支援の方向性を話し
合った。その結果、まずはG君の「日常生活支援」に重点を置き、それに
「学習支援」を加味していく方針が決まった。また、今後、G君に関する個
人情報は、必要がある場合を除き、大学関係者は上の6名以外には伝えない
ことがG君の了承を受け決定された。

　その後、上記の内容をG君に伝え、前期の［＃24］（5/26）～［＃31］
（7/28）の面接では、一進一退を繰り返しながら、大学での友人はできなく
とも、小中が一緒だった友人と電話で話したり休みに会ったりして孤独感か
らは解放され、またどうにか授業には出られるようになり、生活リズムもで
きて、食事も摂れ、体調が良くなっていることが語られた。

　しかし、8月中旬、CoはG君の担当教員から「あんなに皆で話し合って
精一杯支援していたのにG君は1科目しか単位を取得していない」という連
絡を受けた。本人に電話で確かめると、「授業は出たが、レポートをどうし
てもまとめられなかったり、論述試験を見て白紙で出してしまったりして、
結局単位は取れなかった」とG君は説明した。このことから、非言語性LD
の側面だけでなく、言語性LDの側面も考慮に入れる必要性が生じ、夏休み

中に保護者に来ていただき、3回目の連絡会を開くことになった。

　第3回の連絡会（9/25）は前回のメンバーにG君のお母さんを加えた7名で行われた。学部側からは「G君の状態を学部内の教員には説明し配慮をお願いしていたが、1年次生が多く登録する外国語・保健体育・教養科目などの共通教育科目担当教員にまで徹底できていなかったこと」がまず謝罪され、後期からの課題ということになった。学生相談員であるCoは〈まずは日常生活の安定が大事であり、そのことが大体実現した前期はかなりの成果があったと思う〉と発言した。

　続いて保健室員に促されてG君の母親が次のように発言された。「勉強の方は心配していなかった。学校の成績も中学までは良い方だった。しかし、体を動かすことや手先を使う活動が特に苦手でぎこちない。中学までは小さい頃から一緒の同級生だったので、友達関係は何も問題なかったが、高校に入った頃より、友達がいなくなり、徐々にいじめの対象になった。口は立つので一見頭が良さそうに見えるが、例えば医学部に落ちたのに『僕は将来医者になる』など、話の内容は現実離れした空想的なことが多く、親の手には負えない。あの子なりの人生を歩んでいけばよいとも思うが、大学の先生方にもご迷惑のかけ通しで親として申し訳ありません……（涙を流される）……」。その後、母親がどうにか落ち着かれたので、後期からの支援プランが話し合われ、要約すれば「日常生活支援に重点を置きつつ、学習支援も織り込んでいくこと」となった。

　上記のことは夏休み明けの後期初回面接（［＃32］＝10/6）でG君にCoが伝えた。G君は「そんなに皆が自分を助けてくれるなら、自分もがんばるぞ」と言い、後期当初には授業にも張り切って出ていたが、あまりに張り切りすぎて、前よりも周囲の学生のことが気になりだし、特に授業中私語が多い授業は、それが気になって出られなくなるということがしばしば続いた。また、英語の授業などで教員が配慮して当てるのを飛ばしたりすると、自分は相手にされていないと、授業に出るのをやめてしまうこともあった。

　そのようなこともあり、日常生活には問題はなくなり、授業にも概ね出席

できている状態にありながら、学部を辞めたいとG君は言い出す（［＃34］＝11/10）。この話題が［＃36］(12/15)まで続く。学部の担当教員にも、この話をしたので、冬休みが終わる前にG君の母親と学部教員が話し合うことになる。

その第4回目の連絡会は1/15に行われた。母親は「できるだけ今の学部を続けさせてやりたい。また別のところに移るとなると経済的にも負担です」と話された。教員サイドは「学生相談員（Co）の方から本人（G君）に話してもらいます」と話し、会を終わる。

上記のことを［＃37］（1/19）にG君に話す。本来、まじめな性格のG君は目を潤ませながら「がんばってみます」と答えた。しかし、気負いすぎたのか、授業には出るものの体調を崩し、体重が再び50kgを割り、46kgになってしまった（［＃38］＝1/26）。タイミングが悪いことに後期試験期間と重なり、後期試験受験やレポート提出ができなかった。ただ、その中にあって2科目分の単位を取得したことはG君の自信となった（第2期の最終面接・［＃40］＝2/9）。

第3期：歩みはゆっくりだが確実に前進 ―学習支援を中心に―
（＃41～＃60、X＋2年4月～X＋3年2月）

第2期まででG君は日常生活を安定させ、孤立感を脱し、特定の人々（Co・保健室員・学部教員・小中の同級生など）とは安定した人間関係を保っていけるようになった。それを基礎にして第3期では学習支援を中心にG君への援助を進めた。非言語性LDの人が学習上つまずく基礎には「手段や段取りを考える・状況判断をする・手先や身体を使う」といった能力の部分的機能障害がある。学生相談においては、そのこと自体を治療していくことはできないが、G君が抱える障害に配慮し学習を支援することはできるので実行した。

したがってまず行ったのは、新年度当初の履修計画の見直しである（［＃41］＝4/12）。これは前年度も行っていたが、指導する側に外国語科目や保

健体育科目、必修科目を優先させるべきだという思い込みがあり、授業を詰め込みすぎて、「手段や段取りを考える能力」に障害があるG君にとって負担となり、結果的には単位取得までは至っていなかった。

　また、当初の計画が狂うと、「状況判断する能力」に障害があるため、本人は出られる科目まで出なくなる傾向があった。したがって本年度は、それらの科目を最小限にし、本人が取りやすい科目を優先させた。一日に取る授業数も3科目までとした。

　さらに、授業中当てられて発言しなければならない科目は、担当教員に説明しておき、配慮を求めた。学部の授業では極力板書やレジュメを配布していただき、レポートを課したり論述式テストを行う科目の担当者には、本人が比較的得意とするワープロの使用を認めてもらった。これは手先が不器用で、手書きすると時間がかかり正確性を欠くのを防ぐことを目的とした配慮だった。

　その結果、前期最後の面接（［＃51］＝7／26）ではG君は「前よりも単位を取れたような気がする」と語った。後期には［＃52］（10／4）では、入学後初めて4科目の単位を取得したことが報告された。しかし、後期にはG君の実家の方で祖父が亡くなったり、父親の工場の経営が厳しくなってきたりして、精神的に不安定になったG君は、後期は残念ながら1科目も単位を取得できなかった。

第4期：実家の経済的問題の顕在化 ―現実との直面―
　　　　（＃61〜＃90、Ｘ＋3年4月〜Ｘ＋4年3月）

　第4期は、G君の実家の経済状態が悪化の一途をたどり、中途退学か在学を続けるかの間で本人も両親も関係教員も揺れた。学部担当教員と両親が何度も話し合い、またG君とCoも何度も話し合い、検討を続けた。ある時は「もう無理だ」、またある時は「方法がある」と侃々諤々議論を行ったが、結局、年度の最後にG君は退学した。G君はもちろんのこと、ここまで長い間支援してきた学部教員をはじめ学校関係者も落胆が激しかった。しかし、本

人・保護者を含めた関係者による電子メールや電話などによる連絡を3月下旬に取り合い、Coは翌年度1年間、G君のフォローアップを行うことになった。Coの元には、その後もG君から月1回程度の定期的な連絡があり、どうにか元気でやっている様子である。関係者一同、自分たちが行ってきたことが無駄ではなかったと感じる昨今である。

4. 考　察

以上のG君への援助過程から考察し得るLDをもつ学生への「二次的障害」に対する支援の要点は以下の8点である。なお、考察に際しては山本（2003）、岩田・小林・関・杉田・福田（2004）も参照した。

（1）早期発見・早期援助
早期にLDを発見し早期に援助を開始することは、二次的障害予防の点でも重要である。G君の場合、中学までは、非言語性LDの一次的障害（人間関係をつくる・手段や段取りを考える・状況判断をする・手先や身体を使うといった能力の障害）に関連して苦手な科目もあったが、概ね一般の科目の学業成績はよく、周りの子どもたちに溶け込んでいたため、小学校高学年でLDが疑われても、障害への本人・両親・学校側の認識は浅かった。これは致し方なかったとも言えるが、発達段階早期からの支援が行われなかったことが、高校に入り周囲の生徒から、からかいやいじめを受け、そして孤立感を深め、自尊心が低下して、暴力事件を契機に不登校になるという二次的障害を生み出していたのも事実である。

（2）包括的アセスメントの必要性
LDの場合、言語性LDか非言語性LDか複合型かの医師による確定診断も重要であるが、その後の具体的支援の方法を考えていくためには、本人の認

知機能に関するアセスメントと行動特徴に関するアセスメントを総合した「包括的アセスメント」が必要である。

　高橋・篠田・Davis（2001）の報告によれば、前者については、ジョージア大学LDセンターが行っている認知機能に関するアセスメントが参考になる。そのアセスメントは①視空間認知能力（空間情報の分析と統合）、②記憶（聴覚、視覚、言語、空間、短期記憶、長期記憶）、③微細運動、器用さ、④実行機能（概念形成、課題解決、体制化、プランニング、言語的非言語的推理、柔軟性、自動的処理）、⑤注意（関連情報と非関連情報の区別、聴覚と視覚）にわたって行われる。また、行動特徴に関するアセスメントは、行動観察や保護者・本人からの情報提供・報告などにより行われる（都築1994）。

　なお、G君の場合、面接1年目を通して「包括的アセスメント」が行われ、非言語性LDが中心だが、部分的には言語性LDの傾向も見られることが明確になった。そして2年目以降、上記の包括的アセスメントを参考にしながら支援を続ける中で、支援の基本ラインは崩さなかったが、適宜支援プランを部分的に修正していった。

（3）支援方針の明確化と関係者の連携

　包括的アセスメントの内容を検討し、支援方針を明確にすることも重要である。その際、担当者はすべてを一人で抱え込まず、関係者と連携して本人への支援を行う。G君の場合は、特に第2期において、本人の了承を取った上でG君のプライバシー・個人情報開示に配慮しながら、適宜、関係者が連絡会議を開き支援に当たった。この場合の関係者とは、本人・保護者・担当教員・学生相談員・保健室員・医師などであり、これらの人々が情報を共有しつつ、支援の役割分担をすることが大切である。また、その他、簡単な打ち合わせの会を頻繁にもったことで、支援方法の変更や学生生活に関する諸手続きの情報をタイムリーにG君に提供できた。

（4）日常生活支援と学習支援の相補性

　G君の事例では、第1期は引きこもりからの脱却を目指して支援を続け、第2期以降は日常生活支援に重点を置きながら、学習支援を適宜織り込んでいった。これは日常生活支援が基本になり学習支援も進むと考えたからである。また逆に学習支援が充実してくると、日常生活支援も肯定的な方向に向く傾向があった。つまり、日常生活支援と学習支援とは相補的な関係にあったのである。

　なお、河田・一門（2000）の報告によれば、日常生活支援とは、対人交流（友人づくり、相手の話に合わせるなどのマナーのある会話、相手の雰囲気や気持ちを汲んだ交流、学生コンパ、職員に対する質問等）、家庭生活における身辺自立（生活リズムの確立、炊事、洗濯、清掃、整理整頓等）、金銭管理（有効利用等）、アルバイト・公共機関の利用（バス・電車・タクシー等、図書館・美術館等）、買い物（店先での商品の確認、注文、選択等）、外食（レストラン等での注文、メニューの選択等）などを含む。また、学習支援とは、講義科目の選択、講義内容の理解、ノート整理、演習等での発表、定期試験対策、文書作成（レポート、論文、提出書類、履歴書等）、空き時間の過ごし方などを含む。なお、特に学習スキル（learning skills）を中心に総合的に支援するプログラムが米国ウィスコンシン州立大学オシコシ校にはあり、河村・納富・河村（2002）が報告している。

　G君の場合、上記のような生活・学習スキルの直接指導は、最低限必要であったレポート作成や論述試験対策など以外は行わず、いかに自尊心を低下させず、生き生きと大学生活を送れるかということに焦点を絞って支援を進めた。したがって高橋・篠田・Manglitz（2001）が報告しているような「アコモデーション」（accommodation）、すなわちさまざまな障害を有する人のニーズに合わせて、柔軟に基準を変更することによって行う環境調整（例：担当教員への情報提供と配慮の依頼、授業のノートやレポート作成などにおけるワープロ使用の許可、柔軟な履修計画の承認など）の視点を大切にした。

（5）核になる援助者の設定と援助のコーディネート

　複数の援助者によって支援を行っていく場合、それぞれがバラバラの対応を行っていたのでは有効な支援になり得ない。そこで、本事例で言えば、学生相談員であるCoが核になる援助者となり、関係者間の連絡・調整を含む支援全体のコーディネーター役を務めた。LDを含む発達障害の学生は全般に刺激を受け取りやすく、とりわけ自分以外の人から受ける刺激に敏感である。ゆえに、いったん被援助者と心の絆ができた後は、援助者は可能な限り同一人物が継続するのが望ましい。また援助者が変わる場合も、本人に旧担当者からの「見捨てられ感」、新担当者への「拒否感」が生じないように上手に引き継ぐ必要がある。

（6）支援方針の柔軟な変更とその際の留意点

　支援方針はG君の意向を汲みながら適宜変更・修正を行った。このようにG君のその時の状態に合わせて支援方針を柔軟に変更していくことは意味のあることだが、大幅な変更・修正をする時は、G君との十分な話し合いを持った上で、徐々に変更・修正した。これは、もしG君との十分なコンセンサスが得られぬままに、支援方針を急激に変えると、それ自体がG君への大きなマイナス刺激となり、いかに正しい方向転換でも、G君に悪影響を及ぼす可能性があったからである。

（7）具体的支援の際の原理

　G君に具体的支援を行う時は、なるべく指示は簡潔に短い言葉で、またアドバイスは一つずつ出していった。これは複数の情報を同時に処理することが苦手で時間がかかるLDの学生に対する支援の際、最も重要なことである。そして、一歩一歩前進していく自分の姿がG君自身に認識されていったので、自尊心の低下を防ぐこともできた。

（8）援助者側が性急に結果を期待しないこと

　口にしないまでも援助者が心の中で強く性急な成果を期待すると、そのような援助者の内面の態度は、面接の際、被援助者に伝わってしまい、被援助者の焦りを誘うことがある。本事例では、このようなことは極力避けようとしたが、相談面接におけるかかわりが心の力動関係を含む以上、避けられない時もあった。具体的にはG君が援助者（Co）の期待に応えられない自分に負い目を感じ自己肯定感を一時的に低下させたことがあった。「歩みはゆっくりでも一歩一歩確実に」が学生相談における援助の基本であり、時には遠回りした方が近道になることは、本事例以外のケースでも実感できる事柄である。

　以上のように、LDの学生にとって自尊感情の保護と育成は支援の基本であり、G君の場合には彼が自尊感情を保てるように、G君が対応可能な範囲の簡潔な言葉で一つずつアドバイスする必要があったとまとめられる。

5．おわりに ― 今後の課題 ―

　ここまで非言語性LDをもつG君への支援事例を紹介し、それを詳細に検討することによって、LDにおける二次的障害への支援方法を考察してきた。以上を踏まえた上で、最後に今後の課題とされることを小塩・德永・佐藤（2005）、鈴江（2000）を参照しながらまとめると次の2点になる。それは、①大学関係者に発達障害をもつ学生が在籍することや支援の必要性について認識してもらうこと、②進路支援・就労支援など、いわゆる「キャリア発達支援」（support for career development）を推進していくことである。

　①の点に関しては、大学関係者に発達障害をもつ学生への理解や支援の必要性について認識してもらうことを通じて、全学的にこの課題に取り組む素地をつくるためである。この素地を基礎にして、さらに個々の事例に関して支援実践を積み重ねることにより、他の一般学生も含めた学生支援の土壌を

より強固なものにすることができると思われる。

　②の点に関しては、本人の希望や意思が最大限までに尊重され、継続的なキャリア発達支援が行われ、望ましい就労や進学が可能になるのが理想である。さまざまに課題はあるが、中等教育さらには初等教育、就学前教育との連携を図り、継続一貫した支援が行われれば「二次的障害予防」の観点からも有効なのではないかと考えられる。

【文献】

岩田淳子・小林弥生・関真利子・杉田祐美子・福田真也（2004）「発達障害の学生への理解と対応に関する研究」『学生相談研究』25(1)、pp.32-43。

河田将一・一門惠子（2000）「LD青年の学生生活支援の一試み」『福岡教育大学障害児治療教育センター年報』13、pp.35-42。

河村あゆみ・納富恵子・河村暁（2002）「米国の大学におけるLDをもつ学生のためのプログラムの実際」『LD研究』11(3)、pp.293-298。

小塩允護（監修）、徳永豊・佐藤克敏（編）（2005）『発達障害のある学生支援ガイドブック――確かな学びと充実した生活をめざして』独立行政法人・国立特殊教育総合研究所。

日本LD学会（編）、上野一彦・森永良子（責任編集）（2001）『LDの思春期・青年期』日本文化科学社。

西本望（2003）「学習障害（LD）の定義と大学教育の方策」『大阪商業大学論集』（大阪商業大学商経学会）1288、pp.1-102。

佐藤克敏（2004）「LD、ADHD、高機能自閉症の児童生徒及び学生の支援の現状と高等教育機関における課題」『大学と学生』8、pp.17-20。

鈴江毅（2000）「成人のLD」『現代のエスプリ――LD（学習障害）の臨床 その背景理論と実際』398、pp.132-138。

高橋知音・篠田晴男・J. Mark Davis（2001）「学習障害を持つ大学生の評価と援助（Ⅰ）――ジョージア大学LDセンター評価部門の実践」『信州大学教育学部紀要』103、pp.209-218。

高橋知音・篠田晴男・Elaine Manglitz（2001）「学習障害を持つ大学生の評価と援助（Ⅱ）――ジョージア大学LDセンターサービス部門の実践」『信州大学教育学部紀要』104、pp.231-238。

都築繁幸（1994）「障害者と高等教育(2)――米国の学習障害学生を中心に」『信州大学教育学部紀要』83、pp.157-170。

山本真由美（2003）「対人関係や学習上の問題を抱える学生における発達障害の可能性とその対応」『学生相談研究』24(1)、pp.1-30。

事例8

「引きこもり」の青年期男性クライエントへの
訪問相談
― 「変革体験」と「生きがい」について ―

1．「引きこもり」と「変革体験」―言葉の意味―

　当初においてまず、本章を通じて論述したい「引きこもり」と「変革体験」の言葉の意味を明らかにしておきたい。

　まず「引きこもり」（withdrawal）だが、思春期のアパシー型不登校について、中学・高校生の22事例から次のような検討を行った鶴田（1996）の研究がある。それによれば、22事例を「症状」「退却の様態」という観点から、程度により、軽度アパシー・中程度アパシー・重度アパシーと３分類し、アパシーの程度が重くなるほど、自己分割の度合い、すなわちpositiveな自己像・negativeな自己像の隔たりが大きくなると指摘されている。

　このうち、本事例のクライエントは、重度アパシーが想定され、その定義としては「自己分割の度合いがもっとも大きなアパシー。クライエントは二つの自己像のどちらか一方にしたがって生活するようになる。positiveな自己像が活動しているときは negativeな自己像は意識化されない。一方、negativeな自己像が活動しているときは positiveな自己像は意識化されない。したがって、前者の場合は学校生活から退却（不登校）し、日常生活を送っている分には何の支障もないのだが、後者の場合は日常生活からの退却も含めた生活全般からの退却、つまり家に引きこもってしまうことが少なくない」（鶴田 1996, p.15）が適用される。

　次に「変革体験」とは、自らの一生を「救癩」に捧げた精神科医・神谷美恵子の主著『生きがいについて（初版：1966年）』（1980）の第11章「心の世界の変革」および第12章「現世へのもどりかた」で紹介されている概念である。変革体験とは、もともと宗教の世界では「神秘体験」として総称されてきたものだが、神谷（1980）によれば「神秘ということばのあいまいさを避け、宗教以外の世界にもおこるこの種の体験（神秘体験と類似の体験——引用者、以下同じ）」（p.235）を「変革体験」という言葉で表現しているという。

　神谷（1980）の見解に沿って「変革体験」の定義と特徴をまとめると次のようになる。変革体験とは「人格形成の一過程」（p.235）として考えられる「ふつうのひとにもおこりうる、平凡な心のくみかえの体験」（p.235）である。ただし「平凡な」というのは「ありきたりの」という意味ではなく、誰にでも起こり得る可能性があることを指す。また変革体験は、その人の「全人格の重心のありかを根底からくつがえし、おきかえるようなもの」（p.236）であるが、変革体験には「急激な形のものから静かな形のものまで、あらゆる段階と色あいがある」（p.235）。本章では、この定義を以下、用いることとする。

　このような「変革体験」の心理学的な意味を解説しているのは、G.W. オルポート（Allport, G.W.）である。Allport, G.W.（1955）によれば「変革体験」は「トラウマティック・リセンタリング（traumatic recentering）」（p.87）と表現され、「時としてパーソナリティ組織のまさに中心が、突然にそして明らかに何らの警告もなく、転換することがある（It sometimes happens that the very center of organization of a personality shifts suddenly and apparently without waring.）」（p.87）と説明されている。「トラウマティック・リセンタリング」の「トラウマティック」（外傷的な）とは、パーソナリティ転換の契機となる出来事を指しており、例として「愛する人との死別、病気にかかること、宗教的回心、更には先生の話を聞くこと、本を読むことさえも（a bereavement, an illness, or a religious conversion, even from a teacher or book)」（p.87）それに含まれるが、そのような、いわば万人が人生途上にあって遭遇するであろうことを含む、ある「出来事」を契機として、その人のパーソナリティの中核部分の「構造転換」がはかられることもあるという指摘である。

　以上を受けて、以下、本章では約6年間（15歳〜20歳）の引きこもりの時期を経て、新しい生き方を発見していった、ある青年との約4年間にわたる事例（約3年間の訪問面接、および最後の約1年間は電話での面接）を提示し、カウンセリングにおける「変革体験」と「生きがい」という視点から考察を試みたい。

2．事例の概要

事　　例：H君、面接開始時（X年2月）17歳、男性（＝クライエント、以下、Clと略記する時もある）。

主　　訴：不登校の状態にあり、強迫的行動（手洗い・シャワーなど）、視線恐怖（外出したとき、知らない人の視線が過度に気になる）、偏食（肉類を一切口にしない）、家への引きこもりなどが見られる。

生 活 歴：両親待望の長男として誕生。乳幼児期から小学校5年生までは母にとって手のかからない良い子であった。初めての子であったので、母は「こんなものなのかなぁ」と思っていた。

　　　　　小学校時代、親しい友人は数名、自ら友達を求めることはなし。小学校6年生になり、私立中学受験を両親から勧められ、学習塾に通い始めるが、数か月でやめる。中学受験は志望校を親に一方的に決められた上に本人の意志に反して成功する。

　中学1、2年生は、どうにか進学校であるその中学についてい
こうとしたが、中学3年生になり、特に高校受験へのプレッシャー
が高まった10月頃から、朝、腹痛が起き、学校へ行けなくなっ
た。この頃からH君は手を頻繁に洗うようになり「汚い」と自分
の持ち物をよく拭くようになる。中学時代は親しい友人なし。

　その後、進学期になっても高校が決まらず、本人に進学の意欲
もないままに、親からある専門学校・高等課程を勧められ、不本
意ながら入学を決意する。その反面、入学が決まると、「どうに
か心機一転やり直そう」「今までのマイナスを一気にプラスにし
よう」と思い、意気込んで入学式に臨む。しかし、登校しようと
すると、中3の10月と同様に朝に腹痛が起こるようになり、結
局、入学式を含めて2、3日登校しただけで不登校となり、その
後、家に引きこもるようになった。

家族構成：父親（54歳）は公務員であり、家庭も仕事も順風満帆な人生を
　　　　　　歩んできたと思っていたが、息子の不登校にショックを受け、ど
　　　　　　うにかH君とかかわろうとしている。しかしそれが裏目に出てい
　　　　　　て、H君から拒否されている。

　　　　　　母親（45歳）は専業主婦であり、「息子の不登校の原因が分か
　　　　　　らないし、原因が分からなければ対処のしようがない」と語った。
　　　　　　両親とも「自分たちの子育てが悪かったからだ」と自分たちを責
　　　　　　め、絶望的心境を語った。

　　　　　　弟（15歳）はH君の2歳年下で私立中学2年生。H君とは異な
　　　　　　り、活発で友人も多く明朗快活な感じ。

訪問面接までの経緯：X年1月、H君の母より、筆者（以下、カウンセ
　　　　　　　　　　　ラー・Coと略）の勤務していた教育相談室に「相談
　　　　　　　　　　　申し込み」があり、相談室で母と面接をインテークを

含めて３回行う。その後、両親からの要請があり、H
君の了承も取った上で、X年２月から訪問面接を開始
した。訪問面接の要請をCo側も了承した理由は、家
庭内暴力はないが、親子関係がすれ違いであるように
思われ、H君は自室に閉じこもりがちであると両親か
ら聴き、来所の可能性も将来にわたって低いのではと
考え、訪問面接を継続的に行うかどうかは別として、
訪問することによってH君への援助の手がかりが得や
すくなるのではないかと思ったからである。

３．面接の経過

　X年２月からX＋４年２月までの約４年間に94回にわたる面接を行った。
面接の大半はH君宅の１階（H君の自室は２階）の応接間（音楽演奏用防音
設備つき）で土曜日の３時から４時に行った。その他、中途、何回か、H君
の方から場所を指定してもらって、街の喫茶店で面接したり、面接終結まで
の１年間はフォローアップとして月１回程度、電話でのやり取りを行った。
　またH君の了承も取った上で、両親からの相談は不定期に電話でCoが受
けた。これは親担当のカウンセラーが急病のため、その旨を両親に話したと
ころ、そのカウンセラーと両親がかつて面識があったため「新たなカウンセ
ラーを依頼するより、子担当の鶴田に両方を担当してほしい」という両親の
希望からである。
　以下、H君との面接を中心に４期に分けて報告する。なお「　」はH君あ
るいは父母の言葉、〈　〉はCoの言葉、＃は面接の回数である。

第1期：訪問面接の開始
X年2月～X年12月　（毎週1回の訪問面接・＃1～＃44）

　2月［＃1］　時間通りH君宅に到着するが、H君は自分の部屋から出て
こなかった。何度か母が呼びに行くと、30分後、ボーっとした顔つきで冬だ
というのにTシャツとジーパンに素足でH君が現れる。Coはまず自己紹介
し、〈約束はしていたが、君にとっては突然の来訪で驚いているのでは？〉
と尋く。H君、無表情で「気にしないで下さい」。Co〈今後も定期的に来て
もいい？〉。H君、そっけなく「別に構いませんよ」。

　［＃2］　H君は定刻通り応接間で待っていたが、Coが〈日頃どんなこと
をしてるの？〉と話しかけても、「ええ」「まあ」「別に」とだけ表情を変え
ずに受け答えしていた。しかし、少しずつ視線を合わせるようになる。

　3月［＃3］　H君の方から唐突に「アルバイトをやめました」と話し出
す。続けて「学校へ行ってない分、何かしなきゃならないと思って、バイト
を始めたんですが、カゼをひいてしまって3日でやめました」。一見、本人
は、このことにショックを受けている様子はなく、事実だけが淡々と語られ
たが、最後にポツリ、「俺はどうせ何をやってもだめなんだ」。

　［＃4～5］　H君から日常生活の様子があまり感情のこもらない口調で
淡々と語られた。それは「昼夜逆転の生活を送っており、起きている時は
ファミコンをしたり、テレビを見て過ごす。人とかかわりたくないので外へ
は出ない。でも先生（Co）は別、気にせずに家へ来ていい」等々。

　［＃6］　H君の方から「こんな生活（不登校で家に引きこもっていて昼夜
逆転の生活）してちゃダメだと思って、朝4時などに起きてみるけど、長続
きしない」。H君の昼夜逆転の生活は翌年の12月頃まで続いた。

　4月［＃7～＃10］　H君の自室の鍵の話「別になくてもいいが、人に中
を見られたくないので、去年の6月くらいにつけた、汚れているので先生
（Co）も覗かないで下さい」等々、とぎれとぎれに語る。Co〈君が嫌だと思
うことは僕はしないよ〉と答える。……後に父からCoへ電話「部屋の鍵の
ことで、Hから突然に『絶対はずすな！』と怒鳴られ、驚いている。こんな

ことなら、無理にでも取りはずした方がいいんでしょうか」。

　5月［♯11］からCoが来訪する前にH君がお茶を用意してくれていたり、また玄関まで送り迎えをしてくれるようになった。

　［♯12〜13］　H君「一日に3〜5回シャワーを浴びないと、何か落ち着かない」という。その反面、外に出る意志がないためか、髪などはとかした形跡なし。

　［♯14］　世間話の途中、唐突にH君が「こんな自分になったのは半分は自分の責任、半分は親の躾が悪かったから」と話し出すが、その後は憮然とした表情で沈黙。

　6月〜12月［♯15〜♯44］　この間、H君は理路整然と過去から現在までの話（生活歴・参照）をしてくれる。しかし全般に事実関係は非常に良く分かる話だったが、何か台本を読んでいるような感情のこもらない話し方だった。ただし♯43（12月）は、その他の時と較べてH君の気持ちが良く語られていて、Coの心に響いた。♯43のH君の話「お袋に子供の頃から『一度やり始めたら、やり通しなさい』と厳しく言われていて子供心にそれに応えようとして、不本意ながら私立中学を受験したり、専門学校（高等課程）に入ってみたりした。でも中学も専門学校も自分の意志で入ったのではないから、いつも内心イライラしていて友達もできず、自分の居場所もなかった。その怒りを何かにぶつけたかったが、できないまま、結局、体調を崩し、学校に行けなくなった。しばらくすると、そんな怒りや苦しみも感じなくなって家に埋もれた状態になった」。

　この6月〜12月、H君に質問されたこともあって、Coは自らの体験を語った。それを要約すると、〈大学時代、海外遠征を目指して山登りを続けていたが、大学3年の合宿で滑落して、右足に大怪我を負った。二度と山に行けない体になってしまったと同時に、右足が完治するまで約3年かかった。その間、山仲間の人たちが相次いで遭難死していくのをみて、かなり長い間、抑うつ状態だった〉というものである。H君は、この話に興味を持ち、Coの実体験を聴きたがった。Coは、どうにかH君に今の状態を脱却してほしい

という願いを込めて、自分の体験を語っていた。

第2期：Coの突然の身体の不調から面接中断、そして再び面接再開
X＋1年1月〜12月（♯45〜♯68）

X＋1年1月〜2月［面接中断］　1月初旬に数度にわたってCoは通勤電車の中で突然の腹痛に襲われた。病院の検診では「過敏性腸症候群」と診断された。そして発症から検査・診断・治療まで2か月かかった。

　この間、Coの方が、あたかも「引きこもっている」ような感じだった。事情は電話でH君および両親に説明し、面接は2か月間休ませてもらった。だいぶ症状が良くなっていた2月の下旬、H君の方から電話をもらい、H君宅とCo宅の中間点辺りで会う。Coが〈この2か月、お宅に伺えなくてごめんなさい〉と謝ると、H君は「身体が悪い時は仕様がありませんよ。もう大丈夫なんですか。僕も心配していました」と同情的な表情で答えた。

　Coは外に出るのが困難な状況であったH君が、自分のことを心配してくれてわざわざ出て来てくれたことを心の中で感謝しつつ、次週（3月）から訪問面接（週1回・土曜日3時から4時）を再開したいことをH君に話す。

　3月〜4月中旬［♯45〜♯50］　H君「先生（Co）の病気の話を聞きたい」。Co〈最初は何の病気か確定しなくて不安だった。また、ある検査の帰り道、バリウムが逆流してきてズボンを真っ白にしてしまった時、歩いている人に見られているのでは、と非常に惨めだった〉。H君「電車に乗っていると、僕も回りの人に見られているような気がするのでよくわかります」。Co〈後で検査医も同じ病気（過敏性腸症候群）に罹っていることを耳打ちされて、何かホッとしたと同時にその先生と二人で笑ってしまった〉。H君「そりゃ、医者の不養生だ（大笑い）。先生（Co）の病気、初めのころは他人事で。でも、暫くたつと心配になってきて会いに出かけたんです」。Coは、なるべく病気のときの自分の気持ちを素直にH君に伝えたいと思っていた。

　4月下旬〜5月［♯51〜♯55］　Coの身体を心配してH君の方から言いだし、Coの勤務先の3つ手前の駅近くの喫茶店で面接をすることになる。

その間のH君の話「他人が自分がいない所で自分のことを話していると想像してもあまり気にならなくなったが、やはり人とかかわるのは辛い。ファミコンをやっている方が楽しい。最近、週1回、中国語のサークルに行くようになった。最近あまり外に出ていなかったので街の緑がまぶしい。でも、ビルの雑踏、電車の中、ゴミゴミしているところは依然としてダメ、疲れてしまう」。Coは、やはりH君が外で会うのが苦痛そうだったので、H君と話し合って再び訪問面接（隔週・土曜日3時から4時）に戻す。

　6月～8月［♯56～♯61］　将棋が得意なH君からCoが「生徒」になって手ほどきを受ける。この間、将棋をしながらH君はリラックスして表情豊かに話をしていた。その話とは「今一番燃えられるのはやっぱりファミコン。5時間続けてやる時もザラ。先生（Co）は別だが、人相手より機械相手の方が楽しい」。

　父母からの電話（8月）　父母「6月頃、やたらとHが『どうして親父とお袋は結婚したのか？』『俺みたいな子供を持ってどうか？』と尋ねてくるので対応に困っていたが、最近（8月）は（母が）病気の時『大丈夫か』と声をかけてくれたり、（父が）忘れ物をすると駅まで届けたりしてくれる」。

　9月～10月［♯62～♯65］　H君「最近、親父もお袋も以前のように自分に干渉せず、自分の仕事や趣味に励んでいるようです」。Co〈ご両親のイメージ変わった？〉。H君「前は親父は無干渉、お袋は過干渉だった。また親父やお袋は外向的で明るいのに、何で俺だけ暗いのかと僻んでいたことに気がついた」。Co〈君自身、変わってきた？〉。H君「あまり変化なし。でも中国語のサークルは続けています。自分より年上の人ばかりだから気軽に話せる。人の視線も少し気にならなくなった。時々、隣街ぐらいまで自転車で出かけます」。

　母からの電話（10月）　母の話「今でも本人は一日に何回もシャワーを浴びている。このことは今だに理解できない。でも今まであまりに自分がHを厳しくしつけ過ぎていたことに気づいた。それは自分の母（H君の祖母）から受けてきた教育そのものだった。また今までHが学校に行けないこと、

外に出られなかったことをHだけのせいにしてきた気がします。最近、Hが皿洗いや風呂掃除をしてくれるが、心から『ありがとう』と言えるようになった。今まで口煩く言い過ぎていたことをHに謝った。Hは『お袋、気にすんなよ。俺の方は今は何とも思ってないから』と言ってくれました」。

　11月〜12月［＃66〜＃68］［＃66］　H君の夢「親父と演奏会に行くことになって電車に乗っている。A駅（乗降客が多く、人込みがすごい）で降りるが、降りる駅を間違えたことに気がついて慌てて再び電車に乗る。しかし気絶したような感じで寝入ってしまった。しばらくしてハッとして起きると、目的の駅はとうに過ぎていた」。この夢を見た日、H君は現実に父と一緒にある演奏会に行くことになっていたが、朝の腹痛のため行くことができなかった。この夢のH君の感想「やっぱり人込みに出ていくのが嫌なのが出たのかなぁ。親父と出かけること自体は嫌ではないんだけど……」。

　［＃67］　H君の夢「見知らぬ人と一緒に泥棒をしていて、ファミコンを盗もうとするが失敗。女性の私服警官を振りきって外に出たら、武装した警官がたくさん待っていた。必死で逃げる」。H君の感想「不快な感じはなく、スリルに満ちた気持ちだった。ずっと家にいて変化のない生活をしているからこんな夢見るのかな」。

　［＃68］　H君の夢「親父と一緒に美術館に行って人間の彫刻を見ている。一つひとつよく見ていったが、そのうち、男の像と女の像が何体ずつあるか、数えたくなった。数えているうちに気持ちが落ち着いてきた」。H君の感想「前はこんな夢見ると、気味が悪かったけど、今は平気」（なお、この頃、H君の自主的決定により、専門学校を退学する）。

　第2期は、第1期と比べて、面接中にH君の方が話している割合が格段と大きくなっていた。

第3期：H君の肉嫌いをめぐって──自己・他者・宇宙について　　　X＋2年1月〜12月（月1回の訪問面接・＃69〜＃80）

　第3期はH君の希望で月1回の訪問面接になる。H君の方から話を進める

ことが多くなり、肉嫌いの話を中心にして徐々に自己・他者・宇宙へと、その話はめぐった。Coは、その話をほとんど黙って聴いていた。

1月［＃69］　H君の初夢「犬の顔をしているオロチがいる。これから何かのストーリーが始まるような気がする。オロチは動いているが、襲ってきてはいない。ストーリーが始まる前に目覚める」。H君の夢の感想「自分は宇宙人の存在に興味がある。宇宙の終わりと始まりについて知りたい。永久の命があれば、宇宙に旅立ち、宇宙人がいるのなら会ってみたい」。

2月［＃70］　マンガ『ドラゴンボール』の話「話の中にフュージョンといって二人が融合すると、強大なパワーをもった戦士になれるというのがある。異なる体質・資質、例えば男性と女性が合わさると、どのような資質を持った子供が生まれるのだろう」。

3月［＃71］　H君「人は何で結婚してセックスして子供をつくるんだろう。見知らぬ女性と接するなんて自分には信じられない」。

4月［＃72］　H君「３年ほど前から肉類を一切口にすることを避けている。生きたものを殺すことへの嫌悪感があって肉を食べられなくなった。肉食をやめてから、この世の創造主である神によって生み出された人間も含めた動物同士が食べ合うことはないだろうという気持ちになった。また人間は他の動物よりも進化しているのだから、他の動物をわざわざ食べなくても体を維持していく方法があるはずだ。そう思って菜食になった。でも今は以前のように一人で食事することは少なくて、お袋と一緒に食べることが多い」。

5月［＃73］　H君「菜食を始めてから宇宙に興味が出てきた。地球創成の時、いろいろなことに適応した生物が発生したのだから、必ずしも食べ物を食べずとも生きていける生物もいたはずだ。人間も物を食べなくても生きていける時代が来るかもしれませんね」。

6月［＃74］　H君「子供の頃、無理やり自分の許容量を越えた勉強をやらされたのが人間拒否のスタート。そして人とかかわらずに済むファミコンや、宇宙のことを考えるのが好きになった。そんな生活を続けていたら、

将来、何がやりたいかも思いつかなくなっていた」。この頃からH君は週1
回の中国語サークルの他に車の免許を取るために教習所にも通い出す。昼夜
逆転の生活も1月頃より段々朝型になってきていた。また季節にあった服装
をするようになっていた。

　7月［＃75］　H君「つくづく自分の心はコントロールできないと思っ
た。一人になって他人との関係を断ち、逃避しているのはわかるが、解決方
法が見つからない。宇宙のことだったら、人間関係のように気を使わずに一
人で考えていられるんだが。時々、人を殺す夢を見ることがあるが、現実に
キレたらそうなるのか」。

　8月〜10月［＃76〜＃78］　H君「現実の人間関係をあまり連想しなく
て済むから、宇宙やファミコンに熱中していることがわかった。人は何を目
的として生まれてくるのか」。

　11月〜12月［＃79〜＃80］　H君、11月に車の免許取得。H君「免許
が取れて少し自分に自信がもてるようになった。免許なんて今は誰でも持っ
ている時代だけど、『自分が取ったんだぞ』と思うと嬉しい。運転している
最中は他の雑念がとぶ」。Co〈お父さん、お母さんは？〉。H君「そうですね。
学校に戻れるようになることは諦めているみたいだから、『ブラブラしてい
るより何かやっているのがいい』って。『おまえの人生なんだから、好きな
ように生きろ』って親父は言ってくれますし、お袋の方はまだ納得できない
ようだけど……」。

　この一年間、父母からCoへの電話はほとんどなかったが、12月になって
久しぶりに電話があり、父母は「Hが学校に行けないことは今は全然こだ
わっていません。それよりもHが自ら決意し動き出してくれたことが嬉しい
し、そのことをHに伝えている」と語った。

　なおH君はどうにかこれからは一人でやっていけそうなので来年はわざわ
ざ家に来てくれなくても、月1回くらい電話で話す程度でよいと言う。Co
はH君の申し出を肯定的な動きであると判断して承諾する。本来なら、この
辺りからH君に相談室来談を勧めてもよかったのだが、この当時Coが勤務

していた相談室は学校の研修施設の中にあり、H君を無理に誘うのはマイナスと判断した。

第4期：H君の新しい生き方の発見　Ｘ＋3年1月〜Ｘ＋4年2月
　　　（月1回程度の電話によるファローアップ・＃81〜＃94）

　第4期は月1回程度、H君と電話で話していった。大半は世間話やお互いの近況報告で終始したが、その中で時々、H君の心境の変化をうかがわせる言葉があった。また、その時のH君の話し方は、張りのある声で生き生きした感じが十分に伝わってくるものであった。

　1月〜3月［＃81〜＃83］　H君「以前は学歴社会があるのは人の世だけだと思っていたし、純粋に生きるだけだったら、金や勉強は必要ないと思っていた。でも最近、良い人、良い就職、良い家庭といった固定的パターンは存在しないことに気がついた。それらは自分が発見したり、つくりあげるものだと思うようになったので、その過程で必要ならお金も稼ごうと思うし、勉強もしなければならないだろうと思います」。

　4月〜6月［＃84〜＃86］　　H君「以前は自分も含めた人の欲望に非情な嫌悪感を感じていた。特に結婚して子供をつくるなんて自分には信じられなかった。しかし、今は自分という人間と異性の誰かが融合したら、どんな人間が誕生するかを考えます」。

　7月〜9月［＃87〜＃89］　　H君「獣医になりたいと思い始めた。前から漠然と考えてはいたが、やっぱり自分は動物が好きですし、それなりに将来の目標も持たなきゃならないから。動物を食べるのは今でも嫌だ。人付き合いもあいかわらず苦手。だから動物相手の仕事をしたい。こんな考えおかしいですか？」。Co〈菜食を貫こうとするのは必ずしも対人関係拒否という意味だけではないし、獣医になりたいという点の方を重視した方がいいのではないかな〉と答える。

　10月〜12月［＃90〜＃92］　　H君から「どうしたら高校卒の資格が取れ、大学の獣医学部の受験資格ができるか」という質問の電話。Coは大学

入学資格検定（略称：大検）その他、さまざまな大学受験資格が得られる方法があることを紹介した。H君は家の近所にある大学の獣医学部を受験してみたいと夢を語る。

　1月〜2月［＃93〜＃94］　H君「大検の受験準備はあまり進んでいないが、自分なりに着実に勉強していこうと思っている。それと並行して鳶のアルバイトを始め、順調に勉強のための資金を稼いでいる。先生（Co）、長い間、僕につき合ってくれてありがとう」。Co〈こちらこそH君とつき合うことができて、教育相談という仕事にいっそう、意欲が出てきたよ〉。このように話して、ここまでにH君自身によってなされたことの大きさを振り返りつつ、今後も大変なこともあろうが、H君自身の力によって乗り越えていけるのではないかと思い、もちろんいつでもCoに相談したい時は相談してもらうことを確認して、全面接を終了することを二人で決めた。

　その後のH君は、定期的にはがきや手紙で、Coに近況を知らせてくれている。非常に遅々とした歩みなのだが、獣医への夢を捨てず、それへのアプローチを現在でも続けている。一方、Coは、この時のH君とのかかわりを胸の奥に抱きながら、別の土地でカウンセリング活動を続けている。

4．考　察

　以上の経過を踏まえ、以下、本事例のH君の「引きこもり」を単なる病的・否定的体験として捉えるのではなく、「H君自らが変わっていくために不可欠であった体験」つまり「変革体験」であったという視点から検討を加え、最後にカウンセリングにおける「変革体験」と「生きがい」についての考察を試みる。

（1）H君およびカウンセラーの「引きこもり」と「変革体験」について
　私立中学への不本意入学などによって、H君の内面に蓄積されたのは、自

分の意に反して事が進められていく「させられ感」であり、それはH君の中に「俺は何をやってもどうせだめだ」という否定的自己像を生み出していた。それを一気に肯定的自己像に転化させるため、専門学校（高等課程）で心機一転やり直そうとするが、その極端さにより、朝の腹痛が起こり、2〜3日登校しただけで、その後、ずっと家に引きこもるようになった。

　このようなことはH君の内面に過剰な葛藤を引き起こし続けていたと思われ、それを鎮静化させるために強迫的な手洗い行動、一日に何度も浴びるシャワーがあり、睡眠覚醒リズムを昼夜逆転させていたように思われる。家に引きこもれば、当然、家族以外の人と接する機会が極端に減り、そこに「肉嫌い」に象徴される人間への不信感、人とかかわりを持ちたくないというH君の心境が加えられると、ごくたまに外出する時も、他者から見られることを嫌悪する「視線恐怖」に襲われていた。また家に引きこもっている時間が長くなるにつれ、H君自身の「自分は今どうありたいのか、どう生きたいのか」といったことが意識から遠のき、その苦悩から逃れるかのごとく、代償的にファミコン等に過度に熱中していた。この状態は冒頭で述べた「重度アパシー」のものに類似していた。

　一方、面接が開始されると、H君の内面に「自分を理解してほしいのに理解されない」「人とかかわりたいがかかわれない」「自分らしく生活していきたいができない」という潜在化された意識があるように感じられた。このようなH君の姿は、どうにかその状況から抜け出したいが抜け出せず、力尽き、引きこもっている自縄自縛の状態であった。この状態はH君にとって前にも後ろにもいけない「限界状況（Grenzsituation）」（Jaspers,K. 1954）であったかもしれない。

　このような限界状況の特徴について、心理学者の黒田正典（1954）は「絶対的な行きづまり、ジレンマ、二進も三進もゆかなくなる、万策つきはてる、苦しみの極、絶体絶命、二律背反などの場合において、人は理想へ（例、崇高な犠牲、神の追及など）しからずんば堕落へ（例、悪事、感覚的快楽など）へ強い力をもって引きつけられる」（pp.129-130）と述べている。そして、

神谷（1980, p.236）では自身の体験から、このような「限界状況」といった「どん底体験」から変革体験が起こると述べている。

　しかしながら、本事例の場合の「変革体験」とは、以上のことも含むが、以下に述べるようなカウンセリングにおけるH君とCoの「人格的交わり」によってお互いが変容していくきっかけになっていった体験を主として指す。

　ところで第2期の初めにCoは過敏性腸症候群に罹り、Coの方が、あたかも2か月間「引きこもってる」ような状態が続いた。これはCoにとってH君の「引きこもり」を自分自身が身体レベルで体験しているようだった。Coが患者として治療の対象となり苦しい日々を送ったこと、それに対して精一杯の共感を寄せてくれたH君の姿から、その後、H君に対して「さらに了解的にゆっくりとアプローチしていこう」と心から思えるようになった。

　カウンセリングにおいては、カウンセラーがクライエントを客体化し、自分とは切り離した存在としてかかわる時、その二者の間に共感しあう関係、ひいては了解しあう関係が生まれようもない。カウンセリングの場においては、クライエントとカウンセラーは相互に主体（Subjekt）なのであり、お互いの主観（Subjekt）を開示しあいながら、その世界を共有していこうとすることが、了解しあう関係へと向かう道なのである。

　つまり「了解する」という行為は、間主体あるいは間主観（Intersubjekt）的な現象の中で、「了解しようとする者」と「了解される者」が相互に交替していく認識のあり方（Pauleikhoff,B. 1952）なのであって、したがって、本事例の場合も同様だが、カウンセリングの場においても、クライエントのみならず、カウンセラー自身のあり方についても問題とされるべきなのである。

　第1期にCoは自己の体験を、慎重にだが率直にH君に開示していった。これはただ自己の客観的な体験事実を語ったのではなく、それへの思い、感情を伴った主観的事実として語ったのである。そのことにより、H君も＃43に自らの思い・主観を、感情を伴った形で、Coに開示している。H君とCo

の主観が接近したのである。

　その後、第2期の♯45〜50では訪問面接を再開し、Coの病気をめぐって話が進み、さらに♯51〜55ではH君の方から言いだし、Coの勤務先からさほど遠くない駅の近くの喫茶店で面接をした。あたかもCoの身体を気づかってくれてH君の方からCoの方へ「訪問」してくれているような感じだった。しかし、H君が外で会うのが苦痛そうだったので、H君と話し合った後、♯56から再び訪問面接の形に戻す。

　そこからH君が得意な「将棋」をCoが生徒になって習っていくことを始める。それまでのCo（心理援助者＝主体）・H君（クライエント＝客体）という関係が逆転して、H君（将棋の先生＝主体）・Co（将棋を習っている人＝客体）という関係になった。そして将棋を面接の媒介として用いることによってH君自身の守りが確保されながら、Coとある距離をもって相互主体的対人関係を結べるようになっていった。

　さらにH君は以前と比べて格段に多く自分のこと（主観的事実）を感情を交えて語るようになり、それをCoが了解的姿勢で心から耳を傾けて聴いていくと、H君自身の主体的力によって、次第に過去のできごとや両親との関係への意味づけを変化させ、ひいては「させられ感」が減少している。また、現実生活においてもH君は週1回の中国語サークルに主体的に通い出したり、外へ出た時の視線恐怖も緩和している。

　第2期の終わりから第3期の初回［♯66〜69］では、H君の夢が連続的に語られたが、それはあたかもH君の今までと、これからを予見させるような内容であった。つまり「適度な依存を残しながらの親からの心理的自立」「内的な女性性を殺さずに遂げようとする男性性の獲得」などの内的な意味が潜んでいるような感じだった。

　また第3期では、H君の肉嫌い（菜食）をめぐって、さらに「自分とは人間とは」「人とのかかわり」「視線恐怖」「宇宙への興味」などのトピックが、H君の「引きこもらざるえなかった状況」の象徴的表現として非常にうまくひとつのドラマとして織りあっていた。

　その間、ドラマの主人公であるH君の動きを妨げないようにCoはその場を設定するだけの者としてドラマの背景に退くことによって、H君のドラマを共感的に追体験しようとする「了解する人」の立場を貫いたつもりである。

　そしてH君自身が日常の時空間を超えて自らの内的世界と向き合い、自らのドラマを生きることに深く関与することによって、内的成熟の過程を歩んでいる。それと並行して生活リズムが夜型から朝型になり外出の範囲も広がり、車の免許取得により適度な有能感を再確認している。このようなことはさらに外界に挑戦していく勇気をH君に与えていった。

　ところでカウンセリングにおけるドラマと「変革体験」とは、どのような関係になるのだろうか。宗教的神秘体験であれば、それが体験される場は神との合一により「聖なる色彩」を帯び、「俗なる日常」は入り込めない。

　しかしカウンセリングにおいてClによって語られたり、表現されることは、言わば「聖と俗」が織り混ざったものである。それは例えば「日常性（俗）と非日常性（聖）」「合理性（俗）と非合理性（聖）」「相対性（俗）と絶対性（聖）」「自然（俗）と超自然（聖）」「現実（俗）と非現実（聖）」「意識（俗）と無意識（聖）」「過去（聖）と現在（俗）と未来（聖）」「外界（俗）と内界（聖）」「此岸（俗）と彼岸（聖）」「現世（俗）と来世（聖）」そして「客観（俗）と主観（聖）」「客体（俗）と主体（聖）」といった対立するものの混合物である。

　したがって、そのドラマに過度に引き込まれてしまうのも危険であり、現実に戻ってくるプロセスが必要であった。それが第4期の面接であり、電話で月1回、1年余りにわたって続けられた。

　またCo側から第3期を考察すると、第2期の初めに自らも「引きこもり」を体験したCoは、H君と過剰に「同一化」（identification）してしまう危険性を孕みながらも、どうにかある程度の距離をもちつつ、H君との間に共感し合う関係・了解し合う関係・お互いが主体として主観と主観を関与させる関係を築いていった。したがってH君の「ドラマ」が開始されると、その「ドラマ」の背景に退くことが可能だったわけであり、それはCoにとっての

「カウンセラーとしての変革体験」であったかもしれない。

　このような経過から考えられるのは、カウンセリング・プロセスにおける「聖と俗」（主観と客観・主体と客体）が混沌としていたドラマから、ひとつのある程度秩序だった（主体的）パーソナリティ（の中心構造の変容）がH君に現出して、現実生活においても、その生活に「ふくらみ」や「張り」ひいては生きがいの萌芽がH君に生じていることである。

　H君は面接当初では「人嫌い」を表明し、人間拒否的な態度であった。しかしH君自身で他者との関係性の基礎である両親との関係に主体的に自ら再接近することによって「人付き合いは苦手」という程の意識となった。さらに面接の後半では、中国語サークルの人々のような自分を理解してくれようとする人々とは、ある程度、相互主体的関係をもてるようになり、そこに自分の居場所を見いだしている。H君の対人関係の領域が、家族から家族以外の他者にまで広がったのである。これはいわば外的世界との関係の立て直しへ始動し始めたH君のあり方を示すものであった。

　実際、Coとの面接が深まるにつれ、H君は自分も他者も徐々に肯定できるようになり、H君は自分なりに自分という存在に目覚め、主体的に新しい生き方を模索し始めた。それは6年間もの長い引きこもりの日々を経て、H君自身で掴み取った「自分の生きる目標」であった。面接の終盤ではH君は獣医になりたいので、そのために大学入学資格検定を受け、大学の獣医学部に進学したいと語った。

　そのH君の意志は現在でも継続している。これは面接中に語られた「肉嫌い」から「人嫌い」の延長としての消極的意味ではなく、主体的積極的意味合いを帯びて、獣医を志望することが、真の生きる目標、生きがいになっているのだと思われる。

　時々送られてくるはがきや手紙の文面を見ても、H君のあまりに不器用な生き方にあきれることもあるのだが、Coとて、大局からみれば似たり寄ったりの生活であることにも気づく。ただ両者にはしっかりとした「生きがい」が根差していることは実感できるのである。その「生きがい」とは、言うま

でもなくH君にとっては「獣医を志望していること」であり、Coにとって
は「カウンセリングの実践・教育・研究」である。

（2）「変革体験」と「生きがい」について

Coは鶴田（1998）において「変革体験」を「自分自身と真に『出会い』
（encounter）、自分の人生を自分の力で切り開いていく契機となる体験」
（p.59）と定義した。「自分自身と真に出会う」とは小林（1986, pp.360-362）
の見解によれば、他者を知ること、他者を信ずること、他者を愛することと
いう「他者との人格的交わり」によって他者との関係の中に「自分自身の姿
を探る」というプロセスから接近されるものである。つまり、「生きるとい
うことは、個人ひとりが生きるのではなくて、他の人々との連関において生
きている」（中村 1994, p.76）のである。

「なぜなら、自己というものの内面奥深いところでの成長は、今日一般に
人々が考えているように、その人のその人自身に対する関係から行われるの
ではなく、ある人と他者との間の関係から、したがってある人間とある人間
の間にあっては特に相互的に立ち現れてくるということから——私が他者の
自己を立ち現わすと共に、逆に他者によって私が私の自己を立ち現わされて
いるということを知ることから——受け容れ合い、認め合い、証し合うとい
う相互性と一体となって遂行されるからである」（Denn das innerste
Wachstum des Selbst vollzieht sich nicht, wie man heute gern meint, aus
dem Verhältnis des Menschen zu sich selber, sondern aus dem zwischen
dem Einen und dem Andern, unter Menschen also vornehmlich aus der
Gegenseitigkeit der Vergegenwärtigung—aus dem Vergegenwärtigen
anderen Selbst und dem sich in seinem Selbst vom anderen
Vergegenwärttigtwissen—in einem mit der Gegenseitigkeit der
Akzeptation, der Bejahung und Bestätigung.）（Buber, M. 1960, p.36）。

それを、エレンベルガー（Ellenberger, H.F. 1958）では、「出会いとは、
一般的には、二人の人間の偶然のめぐりあい、或いは初めての接触という意

味ではなく、二人の個人の一方（時には双方）にとって、その邂逅から起こ
る決定的な内的体験のことである。何らかの統一的なもののヴェールがはが
され、新しい地平が開かれ、その個人の世界観が改編され、時にはパーソナ
リティ全体の構造が再編されるというものである」（Encounter is, in
general, not so much the fortuitous meeting and first acquaintance of
two individuals, but rather the decisive inner experience resulting from
it for one (sometimes for both) of the two individuals. Something totally
new is revealed, new horizons open, one's *weltanschauung* is revised,
and sometimes the whole personality is restructured.）（p.119）と述べら
れている。

　H君の変革体験については、第1項において詳述したが、ここでさらに考
えられるのは、Coがかかわった約4年間を含み、H君が引きこもっていた約
6年間の過程そのものが、H君自身が「真に自己と出会う」ための「変革体
験」であったと言えないだろうかということである。その「真に自己と出会
う」過程をティリッヒ（Tillich, P. 1952）は「存在の根底」（the ground of
being）への参与の追求過程と呼び、それは「存在への勇気＝生きる勇気」
（the courage to be）の源泉のひとつなのだと、主張する。これを哲学者の
シンガー（Singer, I 1992）では、「愛を通して、われわれは他者に価値を与
え、その人は重要な存在となる。これはわれわれ自身の人生の意味に貢献す
るかもしれないが、しかし、また、意味は他の方法で生じることもある。そ
れもまた、ある種の愛にかかわっているが、これは人生への愛というべきも
のだ」（Through love we make another person important to ourselves by
means of our bestowal of value upon him. This may contribute to the
meaningfulness of our own life, but meaning can arise in other ways as
well. These other sources may also involve a kind of love—what I will
call the love of life.）（p.85）と表現する。

　この「人生への愛」について、さらに精神分析家のシルバーノ・アリエ
ティ（Silvano Arieti）と、その息子で古典文学研究者のジェームズ・アリ

エティ（James Arieti）は、次のように主張する。「人生への愛とは、この世に生を享けた歓びを感じ、人生のさまざまな役割を享有し、宇宙の神秘の目撃者であると同時に、この世の活動に関与して、幸福になることを意味する。それはわれわれが創られたこと、そして制約の中にあっても、自らが自らの創造者たるべきことを歓ぶことである。人生への愛は、また、人生を理解しようと努め、あるいは、その意味を探し求めることも意味する。既知のことに積極的に参画し、また、未知のことにも参入していくことによって、それを感知することである。とりわけ、人生への愛とは、他のすべての愛—家族への愛、友人への愛、人類への愛、自己への愛、職務や思想への愛、神や超越者への愛、そして、すべての愛を共有する心から愛する人への愛—を受け容れ、愛することを意味する」（Love of life means to be happy to be born, to rejoice in the functions of life, to be a spectator of the wonders of the universe, and at the same time to be a participant in the actions of the world. It means to be glad that we were made and that in the framework of our limitations, we are also makers. Love of life means also trying to understand life, or searching for its meaning. It means to participate actively in what we know, and to know and feel by participating. Most of all, love of life means accepting and loving all the other loves—love of family, love of fellow, human beings, love of oneself, love of work and ideas, love of God and transcendence, and love for the romantically beloved with whom we share every love.）（Arieti, S., Arieti, J.A. 1977, pp.188-189）。

　このことと関連して、ウイリアム・ジェイムズ（James, W. 1923）では、「生きがい」（worth living）は、自ら創り出すものである。自己の人生は無限の上に立っており、既に成された事実より、これからの可能性の方が大きい。人間は、その可能性と真摯に向き合い、そしてそれに取り組んで、自らの手で、その可能性を広げていかねばならない。自分の人生に生きがいがあるかどうかを決めるのは、その人自身である。生きがいがあると思う「信じ

る意志」(the will to believe)により、それに全身全霊をもって取り組む時、その人の行動を通じて生きがいある人生が誕生する（pp.32-62）と述べている。

　一方、面接前半において、H君のみならずCo自身も病気によって「引きこもる体験」から、いわば「生きがい」を喪失しているような状態にあった。それが面接終了後は自分なりの「カウンセラーとしての生きがい」が復活している。それはH君とかかわった本事例のカウンセリング・プロセスが、Coにとっても「変革体験」となっているからだと思われる。この際の「変革体験」とは、その人のその後の生き方に肯定的にも（好機）、否定的にも（危機）、影響を与える「人生の転機」(life transitions)と表現することも可能であろう（Bridges, W. 1980, Brammer, L.M. 1991）。このことについて霜山（1999）は「転機は本質的に内からのものであり、決して外からのものではない」(p.176)と主張した上で、それは「真実の『人間的』な接触が機縁となっている」(p.176)と言い切っている。

　つまり、自己を根底から揺るがすような危機に見舞われても、それを好機に転じていこうとする時、小林純一（1986）が述べるように、かけがえのない他者との「相互の人格的触れ合いを通していっそう自己を知る自己認識が深められ、自己のあり方や生き方、なすべきこと、自己の真の姿がいっそう明確にされていく」(p.362)と考えられるのである。

　この事例を担当して、かけがえのない「他者」であるH君と「真に向き合い」、Co自身「小さき者」（三好 1987）として、その内に苦悩を抱えながらも主体的に生き、精一杯、クライエントの成長可能性を信じて、お互いの主観を開示しあいながら「共に歩む」姿勢（伊藤 1995）の重要性に再び気づいたのである。このことによってカウンセラーとして「生きがいの喪失」の危機から脱することができた。

　「生きがい」は、その人の心に独自の世界をつくりあげる、徹底して個別の世界である。それは言い換えれば、生きがいの研究とは、その個別性の追究、人間一人ひとりの「生きられる世界」へのアプローチなのである。カウ

ンセリングにおいて、クライエント一人ひとりの「生きられる世界」にアプ
ローチする際、もっとも大事な姿勢は「同行」ということである。同行とは、
伊藤（1998a, p.63）によれば「互いに主観を開示し合い、真理に向かって人
生修行を積み重ねていくこと」を指す。

　この際、前提となるのは、クライエント・カウンセラーの双方が、相互に
かけがえのない「主体」（subject）であるということである。英語の
subjectという言葉は「主体」と訳される場合と、「主観」と訳される場合が
あるが、その両方の意味を考える必要がある。

　本事例において、CoがH君を自分とは切り離された人間として「客体化」
（objectification）した場合、つまり「観察対象」「研究対象」として操作を
加える、治療するという態度で接した場合、H君はCoに失望し、同行関係
は崩れ去っていただろう。

　またH君とCoが「客観的な事実関係」（objective reality）ばかり述べ、
お互いの喜び・怒り・悲しみ・楽しみ・苦悩・願望・希望・意図・意志と
いった、その人にとっての「主観的現実」（subjective reality）を意識的に
あるいは無意識的に排除していた場合、H君・Coのお互いの深い相互了解
による「自己変容」（self-transformation）が起こりようもなかったはずであ
る。

　つまり、カウンセリングの場とは、本事例のように、クライエント・カウ
ンセラー双方が、お互い「主体」としてかかわりながら、自らの「主観」を
開示しあい、相互了解の道へと向かう「同行関係」のプロセスそのものなの
である。

　このようなアプローチによるカウンセリングについて、自らの実践から伊
藤（1998b, p.53）は、それを先述の通り「間主観カウンセリング」と命名し
て、その意味を「その人（クライエント）の主観の世界に自分（カウンセ
ラー）の主観の世界をparticipate（関与させる）しながら、両世界をshare
（わかちあう）することに努める」ことを基本に置き、さらに「その人（ク
ライエント）と共に苦しみ、共に悩み、共に歓び合うという」関係、つまり

「同行関係」を目指すカウンセリングであるとしている。

　本事例から学んだ最大のことは、この「同行の姿勢」に基づくカウンセリングの実践を続けることが、カウンセリングと「生きがい」についてアプローチしていく場合のもっとも有効な方策の一つであるということである。

　これは言い換えればエリクソン（Erikson, E.H. 1982）の言う「三つのリアリティ」（threefold reality）、すなわち①身体的・物質的なものとしての事実性（factuality）によって付与される客観的リアリティ（reality of objectivity）、②時間的・空間的な自己の意味付けとしての意味連関の感覚（a sense of contextuality）によって付与される意味的リアリティ（reality of contextuality）、③対人関係的現実としての相互活性化（mutual activation）による心理社会的リアリティ（reality of psychosociality）（pp.88-92）を、クライエントとカウンセラーの間主観的関わりを通じて、つまり「同行関係」を通じて、お互いが不可分なく「生きること」を指している。

　その時、クライエントとカウンセラー双方の内面は、互いに生きる喜び、生きる張り合い、生きる充実感、すなわち「生きがい感」に徐々に満たされながら、なおも自己を変容させ、自分なりに自分として生きる目標や目的、生きる価値、意味、理由が、静かにそのそれぞれの心の中に浮かび上がってくるのだろう。

【文献】

Allport, G.W. (1955)　*Becoming; basic considerations for a psychology of personality.* New Haven, London: Yale University Press.

Arieti,S., Arieti, J.A. (1977)　*Love can be found; a guide to the most desired and most elusive emotion.* New York, London: Harcourt Brace Javannovich.

Brammer, L.M. (1991)　*How to cope with life transitions; the challenge of personal change.* New York, Washington, Philadelphia, London: Hemisphere Publishing Corporation.

Brideges, W. (1980)　*Transitions; making sense of life's change.* Reading, Massachusetts: Addison-Wesley Publishing Company.

Buber, M. (1960)　*Urdistanz und Beziehung.* (zweit Auflage) Heidelberg: Lambert

Schneider.

Ellenberger, H.F. (1958) "A clinical introduction to psychiatric phenomelogy and existential analysis." In May, R., Angel, E., Ellenberger, H.F. (edited) *Existence; a new dimension in psychiatry and psychology.* New York: Basic Books, pp.92-124.

Erikson, E.H. (1982) "Threefold reality." In Erikson, E.H. *The life cycle completed; a review.* New York, London: W.W. Norton & Company, pp.88-92.

伊藤隆二（1995）「人間の価値と教育についての覚え書」『横浜市立大学論叢』20(2)、pp.4-25。

伊藤隆二（1998a）『「こころの教育」とカウンセリング』大日本図書。

伊藤隆二（1998b）「事例研究による教育心理学の再構築――範例中の典型を主軸として」『東洋大学文学部紀要』51, pp.43-67。

James,W. (1923) "Is life worth living?" In James,W. *The will to believe; and other essays in popular philosophy.* New York: Longmans, Green and Company, pp.32-62.

Jaspers,K. (1954) *Psychologie der Weltanschauungen.* (viert Auflage) Berlin, Göttingen, Heidelberg: Springer-Verlag.

神谷美恵子（1980）『生きがいについて』みすず書房。

小林純一（1986）『創造的に生きる――人格的成長への期待』金子書房。

黒田正典（1954）『心の衛生――精神生活の了解とその衛生』協同出版。

三好迪（1987）『小さき者の友　イエス』新教出版社。

中村元（1994）「生き甲斐について」『人生を考える』青土社、pp.73-88。

Pauleikhoff, B. (1952) "Eine Revision der Begriffe "Verstehen" und "Erklären""*Archiv für Psychiatrie und Zeitschrift Neurologie,* 189, pp.355-372.

霜山徳爾（1999）「人間とその蔭」『明日が信じられない』学樹書院、pp.173-252。

Singer, I. (1992) *Meaning in life ; the creation of value.* New York: The free press.

Tillich, P. (1952) *The courage to be.* New Haven, London: Yale University Press.

鶴田一郎（1996）「思春期のアパシー型不登校についての臨床的検討――中学・高校生の22ケースから」『カウンセリング研究』29(2)、pp.97-109。

鶴田一郎（1998）「カウンセリングと『生きがい』についての一考察――自殺未遂の専門学校生とのケースから」『カウンセリング研究』31(1)、pp.52-61。

初出一覧

［事例 1 ］
鶴田一郎（2001）「精神分裂病寛解期にある男子学生との 6 年間のかかわり―『間主観経験』を中心に―」『学生相談研究』（日本学生相談学会）第22巻第 3 号，pp.298-307。

［事例 2 ］
鶴田一郎（2016）「不本意入学した女子学生の事例」『教育論叢』（広島国際大学 教職教室）第 8 号，pp.33-41。

［事例 3 ］
鶴田一郎（2008）「パニック障害の男子学への支援―療学援助と学生生活サイクルの視点から―」『学生相談研究』（日本学生相談学会）第29巻第 1 号，pp.13-24。

［事例 4 ］
鶴田一郎（2014）「自殺念慮をもつ女子学生への危機介入」『教育論叢』（広島国際大学 教職教室）第 6 号，pp.53-62。

［事例 5 ］
鶴田一郎（2012）「母親と死別した男子学生の『喪の仕事』」『教育論叢』（広島国際大学 教職教室）第 4 号，pp.57-64。

［事例 6 ］
本書への書き下ろし。

［事例 7 ］
鶴田一郎（2007）「LD（学習障害）における『二次的障害』への支援の方法について―非言語性LDをもつ男子学生とのかかわりを通じて―」『学生相談研究』（日本学生相談学会）第28巻第 1 号，pp.14-26。

［事例 8 ］
鶴田一郎（2001）「間主観カウンセリングにおける『変革体験』と『生きがい』についての一考察―『ひきこもり』の青年期男性クライエントへの訪問相談を通じて考えたこと―」『カウンセリング研究』（日本カウンセリング学会）第34巻第 2 号，pp.203-213。

あ と が き

　この度『"相談学生"に学ぶ学生相談』を上梓させていただきました。

　皆様のご助力、特にクライエントの皆様、クライエントのご家族・関係者のお力によって、30年間、学生相談を続けてこられました。

　特に30年間のうち20年間は広島国際大学での実践です。

　広島国際大学の学生相談室の設立の一端にかかわらせていただいたことから始まり、途中、学生相談室の体制が整ったことにより、学生相談室からは離れ、3年ほど前まで一人の教員として学生相談を続けてまいりました。

　その間、一人の教員としての学生相談の継続を許可していただいた歴代、学長・副学長の先生方、学生相談室長並びに学生部長の先生方、所属学科の学科長・学部長の先生方、その他の教職員におかれましては感謝しても感謝しきれない限りです。

　また中途より教職教室にかかわらせていただいていることは自分の活動をどう焦点化するかに悩んでいた自分に方向性を与えてくださいました。

　つまり、教育分野のカウンセラーとして、幼・小・中・高・大において実践と研究を続けていくことが自分のアイデンティティであることが明確になったのです。

　その点で教職教室の寺重隆視教授・岡田大爾教授、教職課程でかかわっていただいた学生諸氏にも心よりお礼申し上げます。

　つたない拙著ではございますが、ぜひとも本書を御一読いただき、御感想をいただけますれば幸甚でございます。

2021年7月23日 東京2020オリンピック開会式の日に

広島国際大学　鶴田　一郎

■著者紹介

鶴田 一郎（つるた いちろう）

名古屋大学大学院 教育発達科学研究科 心理発達科学専攻 博士後期課程 修了、博士（心理学）
現在 広島国際大学 健康科学部 医療栄養学科／教職教室 教員、公認心理師・臨床心理士

［主な著書］（単著）＊大学教育出版のみ
『人間性心理学の視点から三谷隆正「幸福論」を読む』（2014年）
『人間性心理学研究序説—続・生きがいの心理学』（2016年）
『C.R. ロジャーズの「カウンセラーの中核三条件」におけるキリスト教的側面』（2018年）
『1992年の「精神薄弱」用語問題—伊藤隆二教授の教育思想をめぐって—』（2018年）

"相談学生"に学ぶ学生相談

2021年12月10日　初版第1刷発行

■編 著 者—— 鶴田一郎
■発 行 者—— 佐藤 守
■発 行 所—— 株式会社 大学教育出版
　　　　　　〒700-0953　岡山市南区西市855－4
　　　　　　電話(086)244-1268(代)　FAX(086)246-0294
■D T P—— 難波田見子
■印刷製本—— モリモト印刷(株)

ISBN978－4－86692－159－4